1 絵に 合う ことばを 書きましょう。

（一つ 10てん）

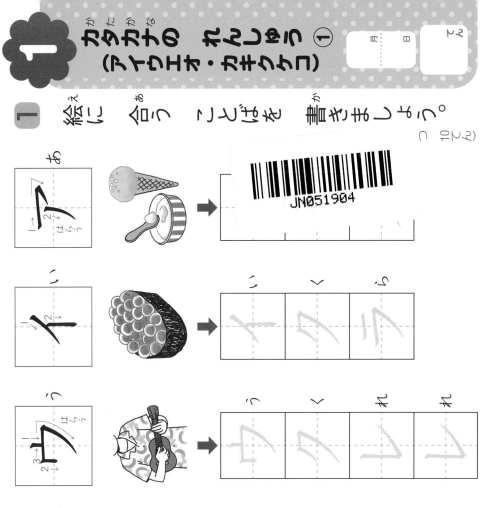

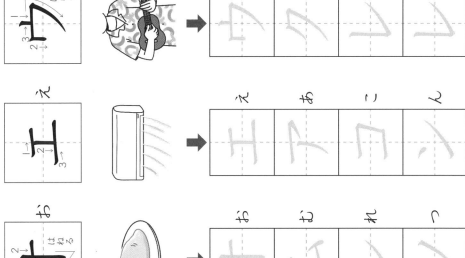

2 絵(え)に 合(あ)う ことばを 書(か)きましょう。

(1つ 10てん)

か

キ

く

け

コ

「カ」や 「ク」や 「コ」の かたちに 気(き)を つけて 書(か)こう。

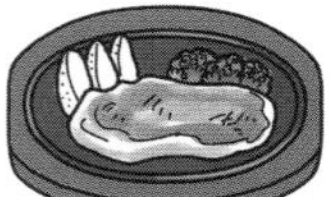

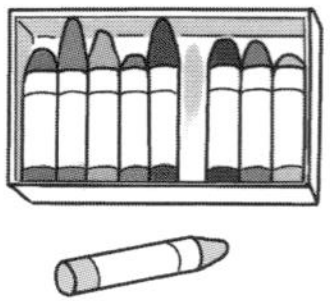

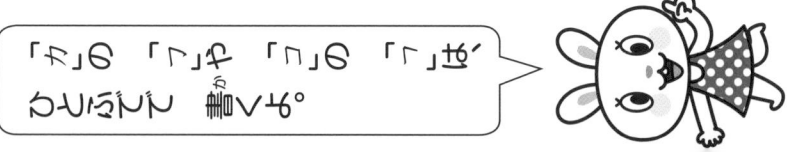

1 絵に 合う ことばを 書きましょう。

（1つ 10てん）

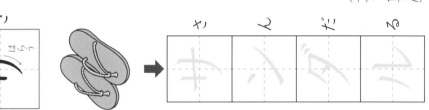

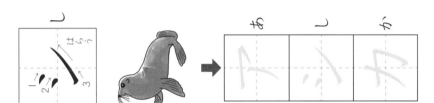

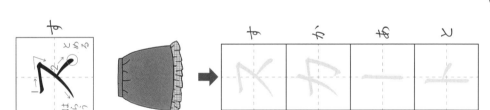

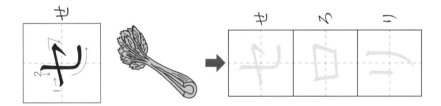

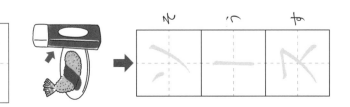

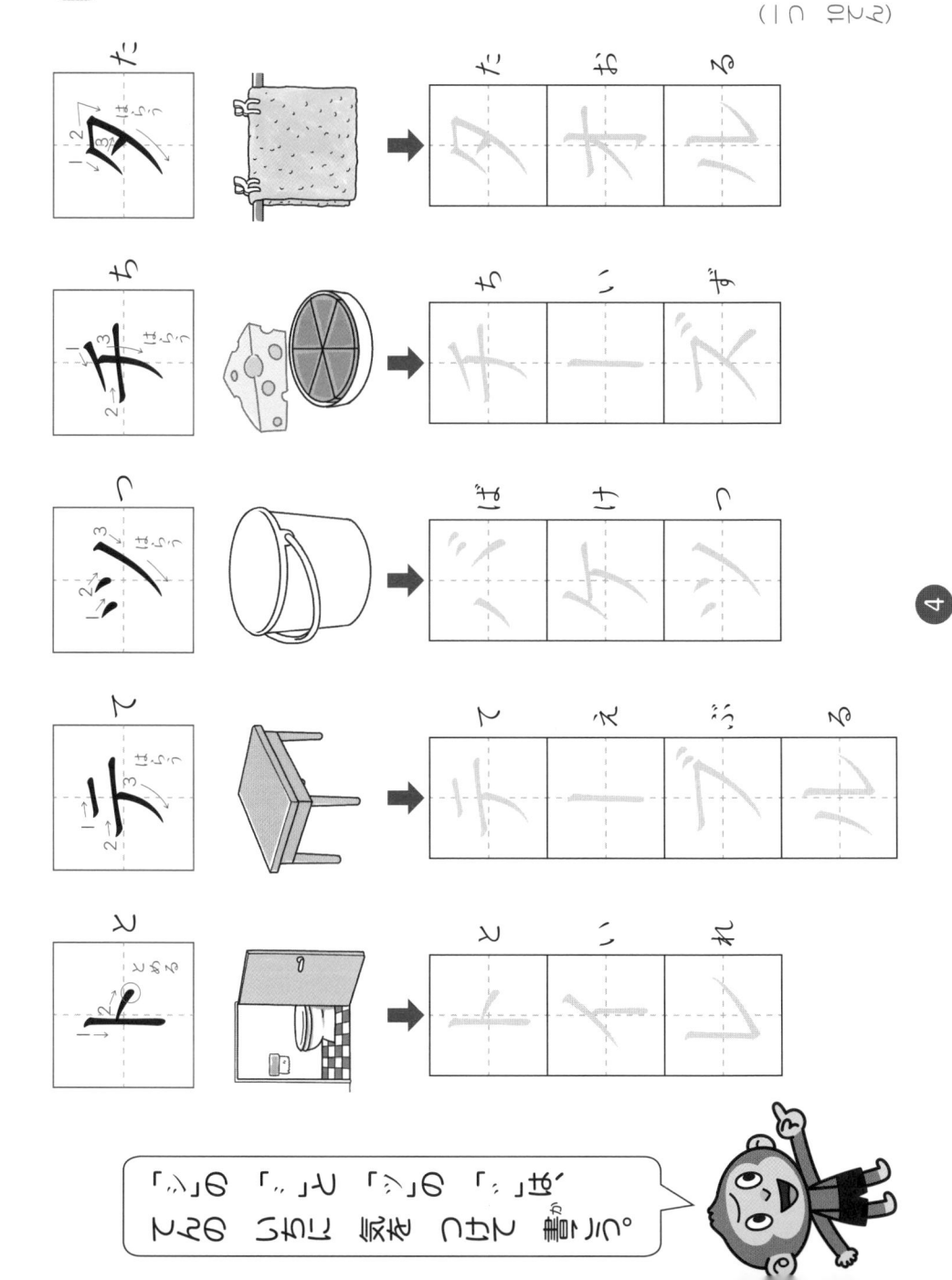

1 絵に 合う ことばを 書きましょう。

（一つ 10てん）

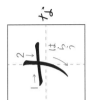

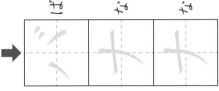

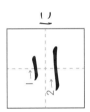

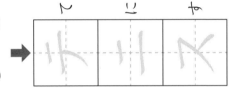

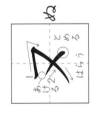

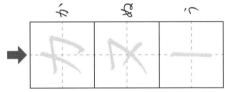

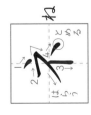

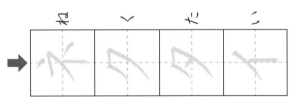

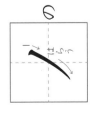

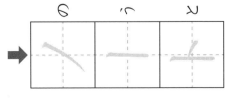

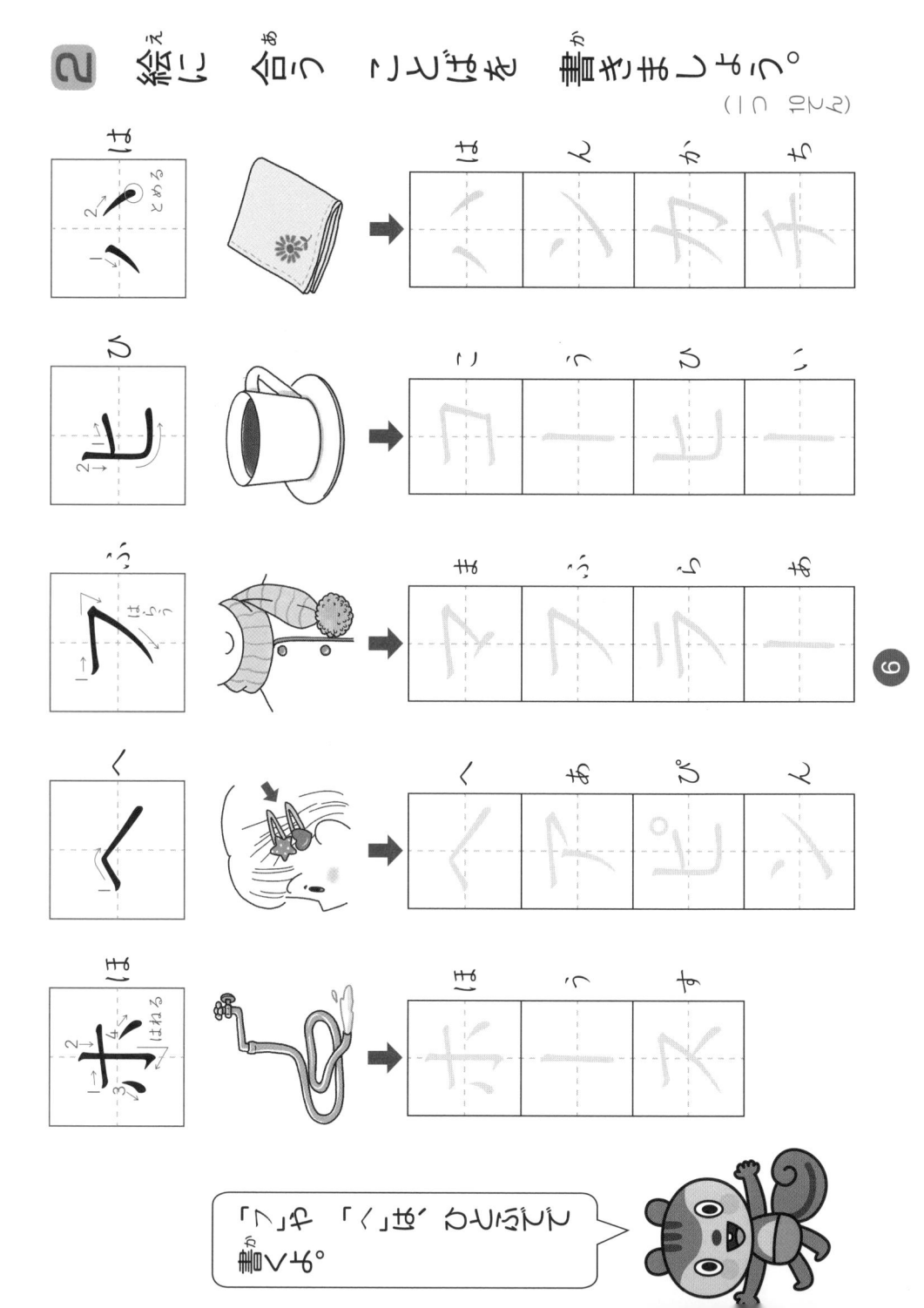

2 絵に 合う ことばを 書きましょう。

（一つ 10てん）

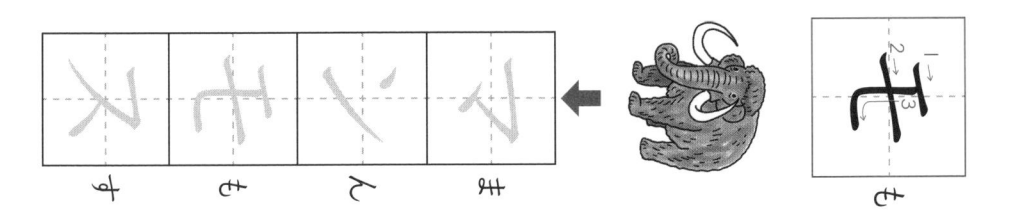

4

カタカナの れんしゅう ④

(マミムメモ・ヤ行)

なまえ

月	日
	てん

１ 絵に 合う ことばを 書きましょう。（1つ10てん）

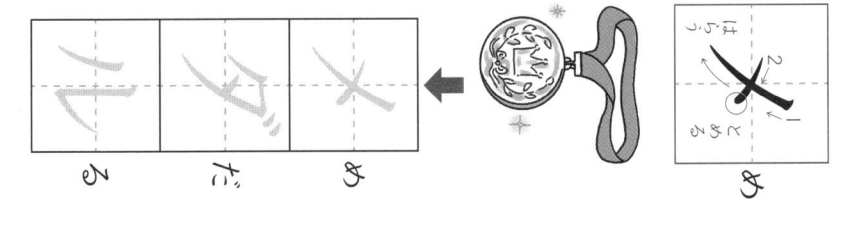

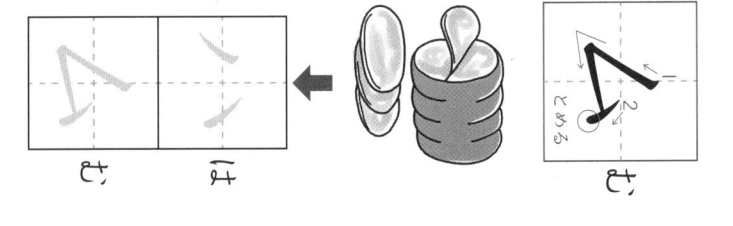

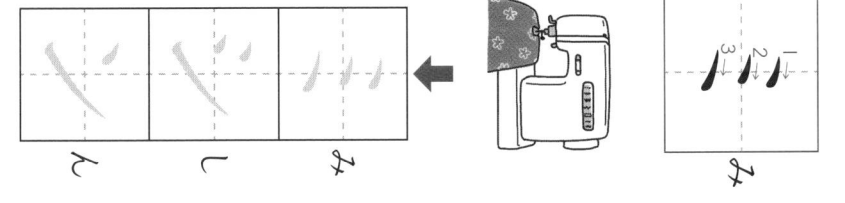

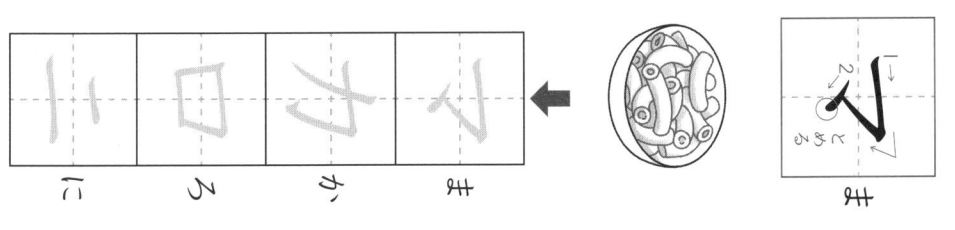

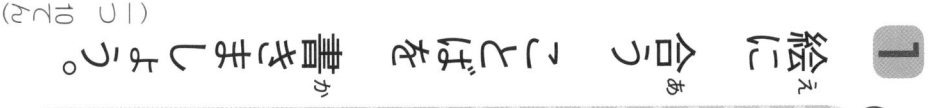

2 絵に 合う ことばを 書きましょう。

（ぜんぶ 書いて 50てん）

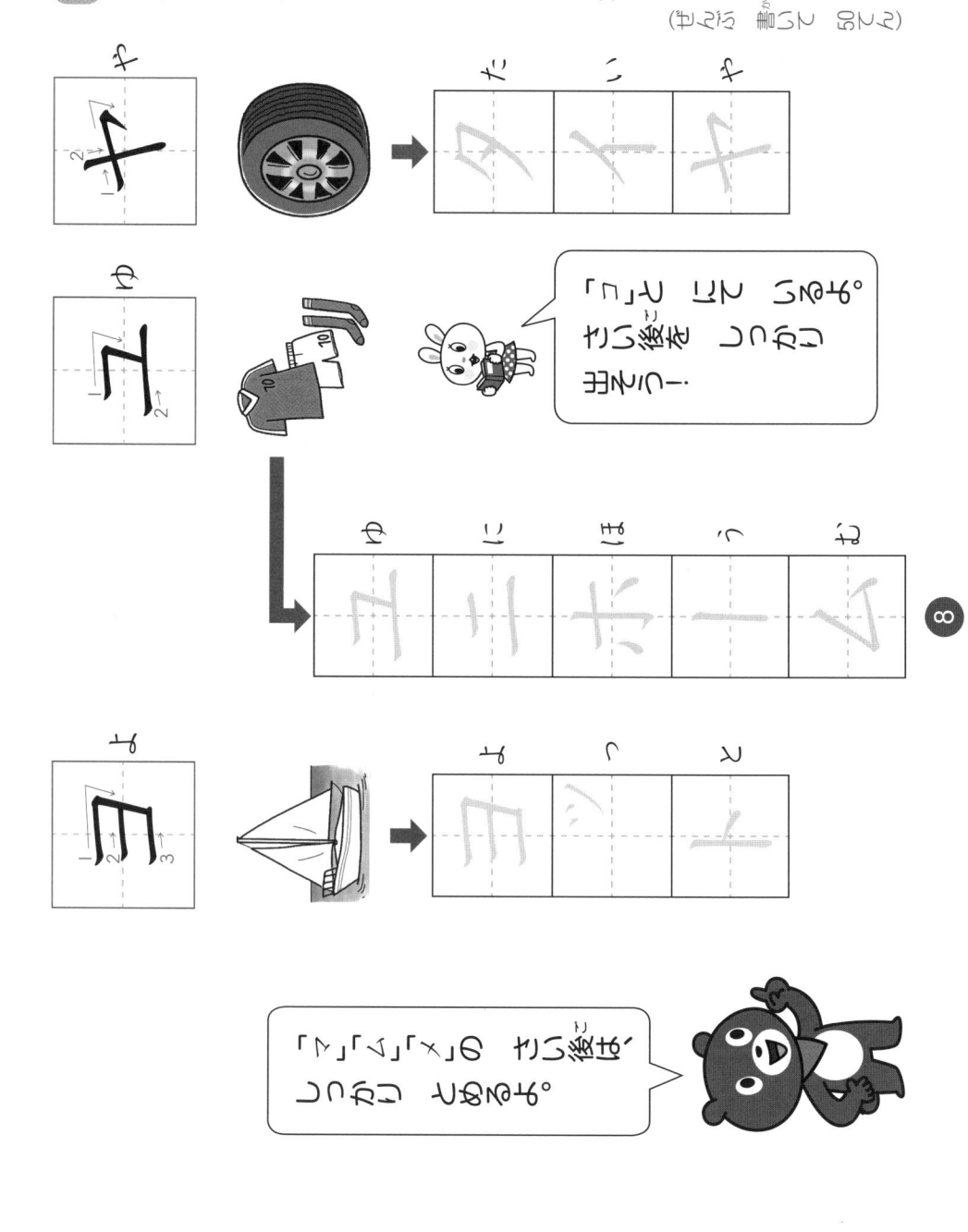

1 絵に 合う ことばを 書きましょう。

(1つ 10てん)

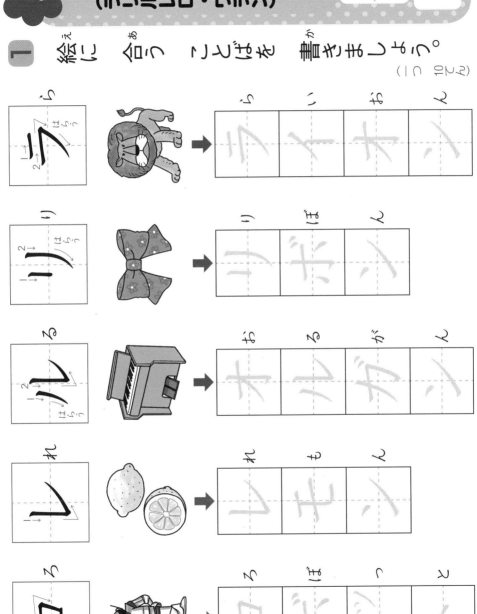

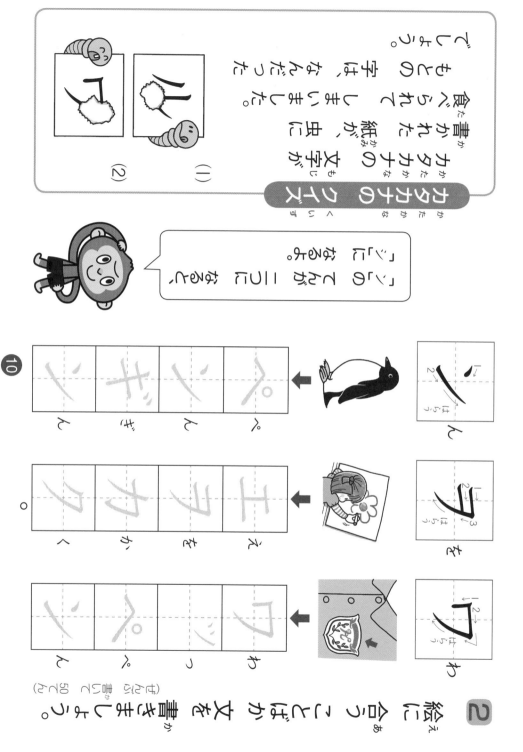

カタカナの クイズ

書かれた カタカナの
字が、紙の 文字が
虫に 食べられて
なりました。
食べられた カタカナの
字は、なんだった
でしょう。

(1)

(2)

「べ」や 「ぺ」に なるかな。
「へ」に 「゛」が つくと、「べ」だね。

2 絵に 合う ことばか 文を 書きましょう。
（かん字を ぜんぶで 50てん）

ん

ペ　ン　ギ　ン

を

エ　ヨ　カ　ク

を

ワ　シ　ペ　ン

⑥ 五十音の ひょう（ごじゅうおん）

月　日
てん

1 ひょうに □か を 作り カタカナを 書いて みましょう。
（五十音の）（50てん）

ワ行	ラ行	ヤ行	マ行	ハ行	ナ行	タ行	サ行	カ行	ア行
（イ）	ラ	ヤ	マ	ハ	ナ	タ	サ	カ	ア
（ウ）	ル		ム	ヒ	ニ	チ	ス	キ	
（エ）									

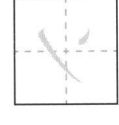

見本の ひらがなを 分かりやすく！

ワ	ラ	ヤ	マ	ナ	タ	サ	カ	ア
（イ）	リ	（イ）	ミ	ニ	チ	シ	キ	イ
（ウ）	ル	ユ	ム	ヌ	ツ	ス	ク	ウ
（エ）	レ	（エ）	メ	ネ	テ	セ	ケ	エ
ヲ	ロ	ヨ	モ	ノ	ト	ソ	コ	オ

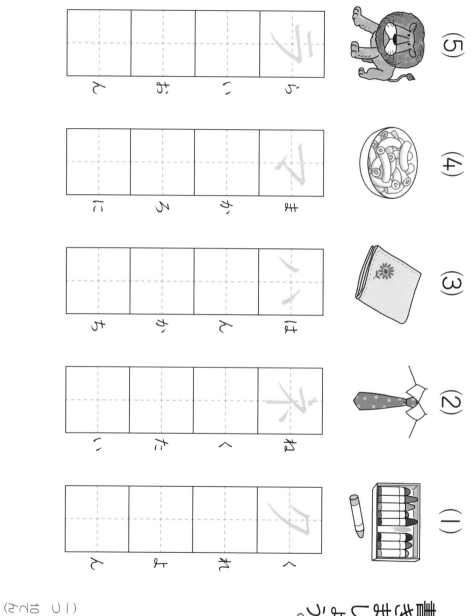

2 絵に　合う　カタカナの　ことばを　書きましょう。

（1つ　10てん）

(1) く　れ　よ　ん

(2) ね　く　た　い

(3) は　ん　か　ち

(4) ま　か　ろ　に

(5) ら　い　お　ん

7 ひらがなと カタカナ ①

1 ひらがなの 文字を たどって、ゴールまで 行きましょう。

（もんだい ぜんぶ 50てん）

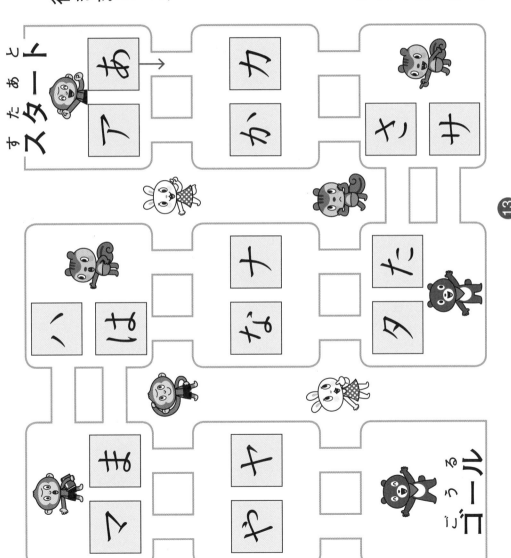

2 カタカナの 文字を 「ア→イ→ウ→エ→オ→カ→キ→……」の じゅんに たどって ゴールまで 行きましょう。（ぜんぶ できて 50てん）

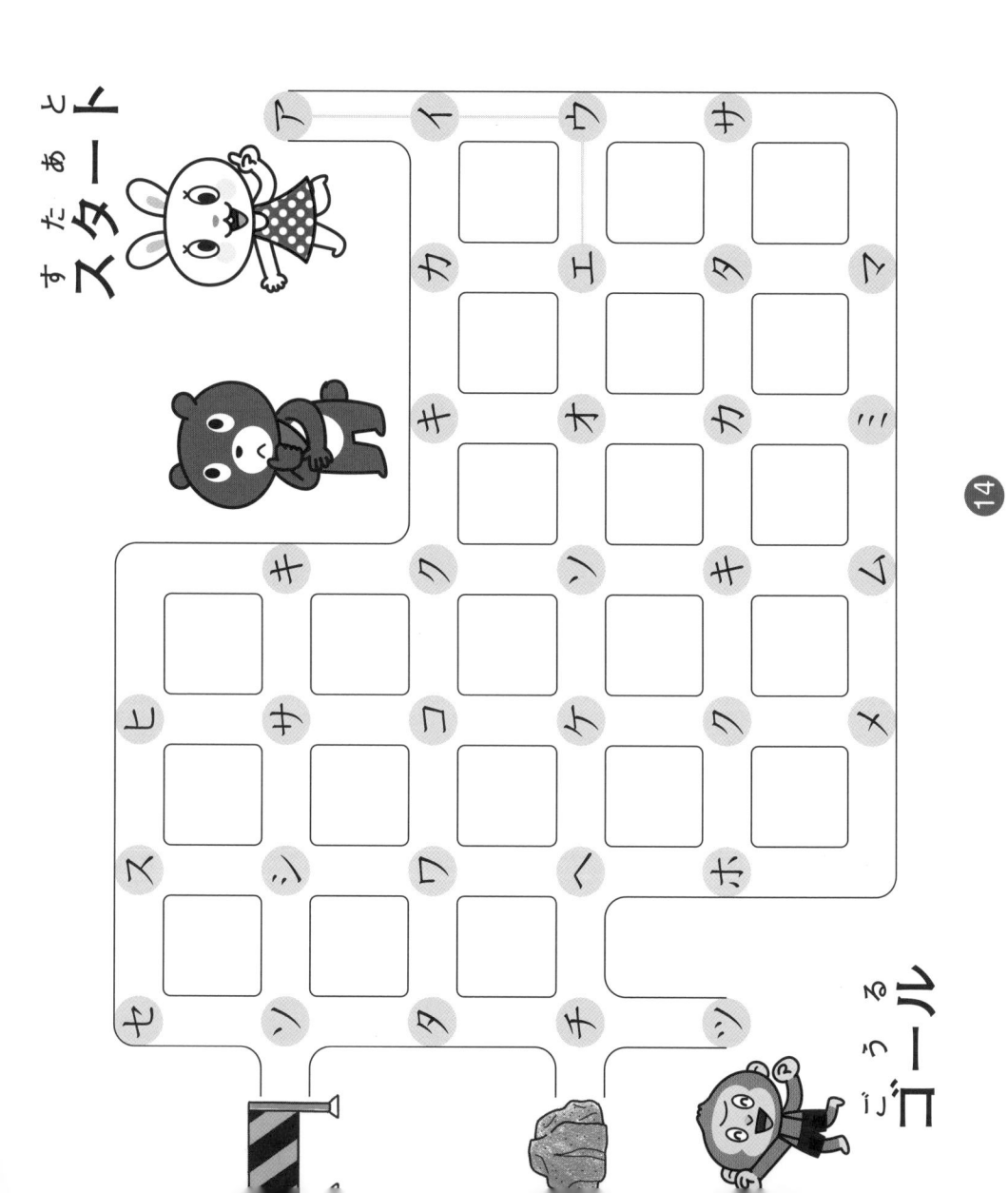

1 ひらがなで　書く　ことばを、◯で
かこみましょう。

（1つ　10てん）

(1)
みかん
めろん

(2)
れもん
いちご

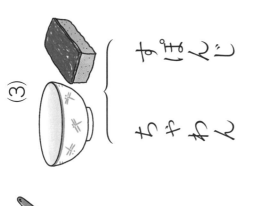

(3)
すぽんじ
ちゃわん

(4)
ふらいぱん
せんめんき

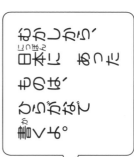

むかしから、
日本に　あった
ものは、
ひらがなで
書くよ。

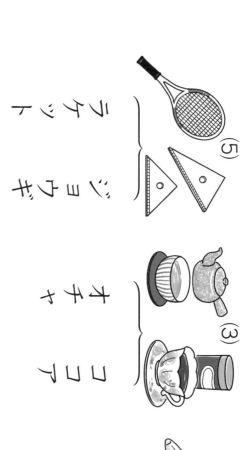

カタカナは、外国から 入って きた ことばを 書くよ。

（5）
ラケット ／ ジョウギ

（3）
オチャ ／ ココア

（1）
バナナ ／ スイカ

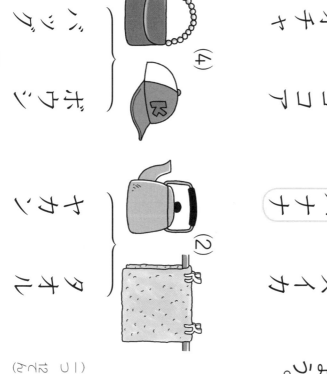

（4）
バッグ ／ ボウシ

（2）
ヤカン ／ タオル

2 えに あう ことばを、カタカナで かいて あるのを、○で かこみましょう。

（1つ 12てん）

月 日 てん

1 形や 線の むきに 気を つけて 書きましょう。

(1~3は 1もん 10てん)

(1)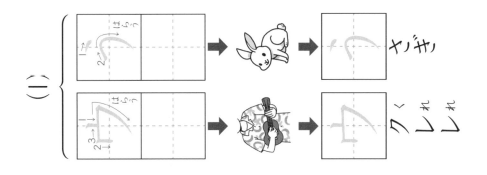

ウサギ

クレレ

(2)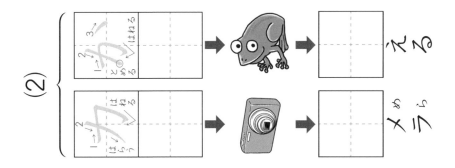

カエル

カメラ

(3)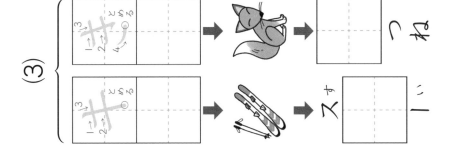

きつね

スキー

17

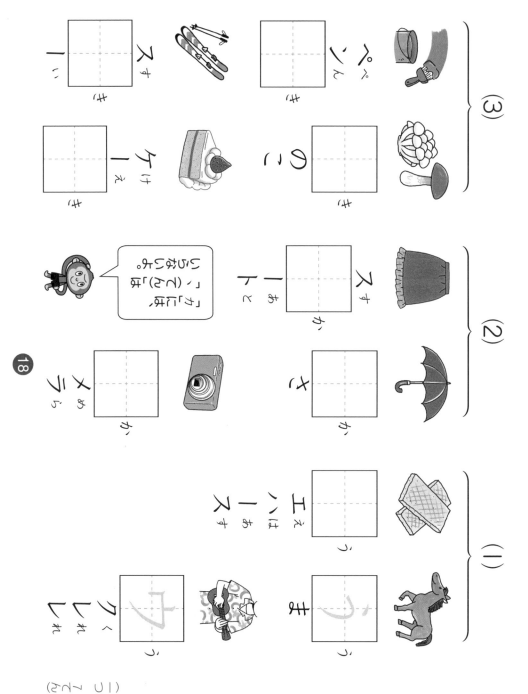

2 絵(え)に 合(あ)う ことばを 書(か)きましょう。(1てん)

10 形の にた 字② （ひらがなと カタカナ）

月　日　てん

1 形や 線の むきに 気を つけて 書きましょう。

（1〜3は 1もん 10てん）

(1)

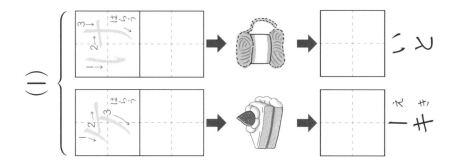

い

ー え キ き

(2)

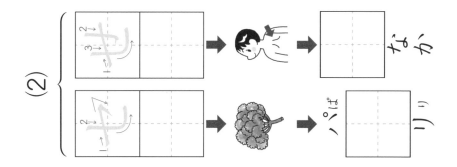

な か

パ ば リ リ

(3)

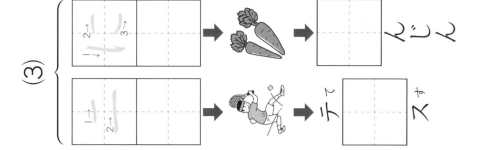

ん じ ん

テ て ス す

19

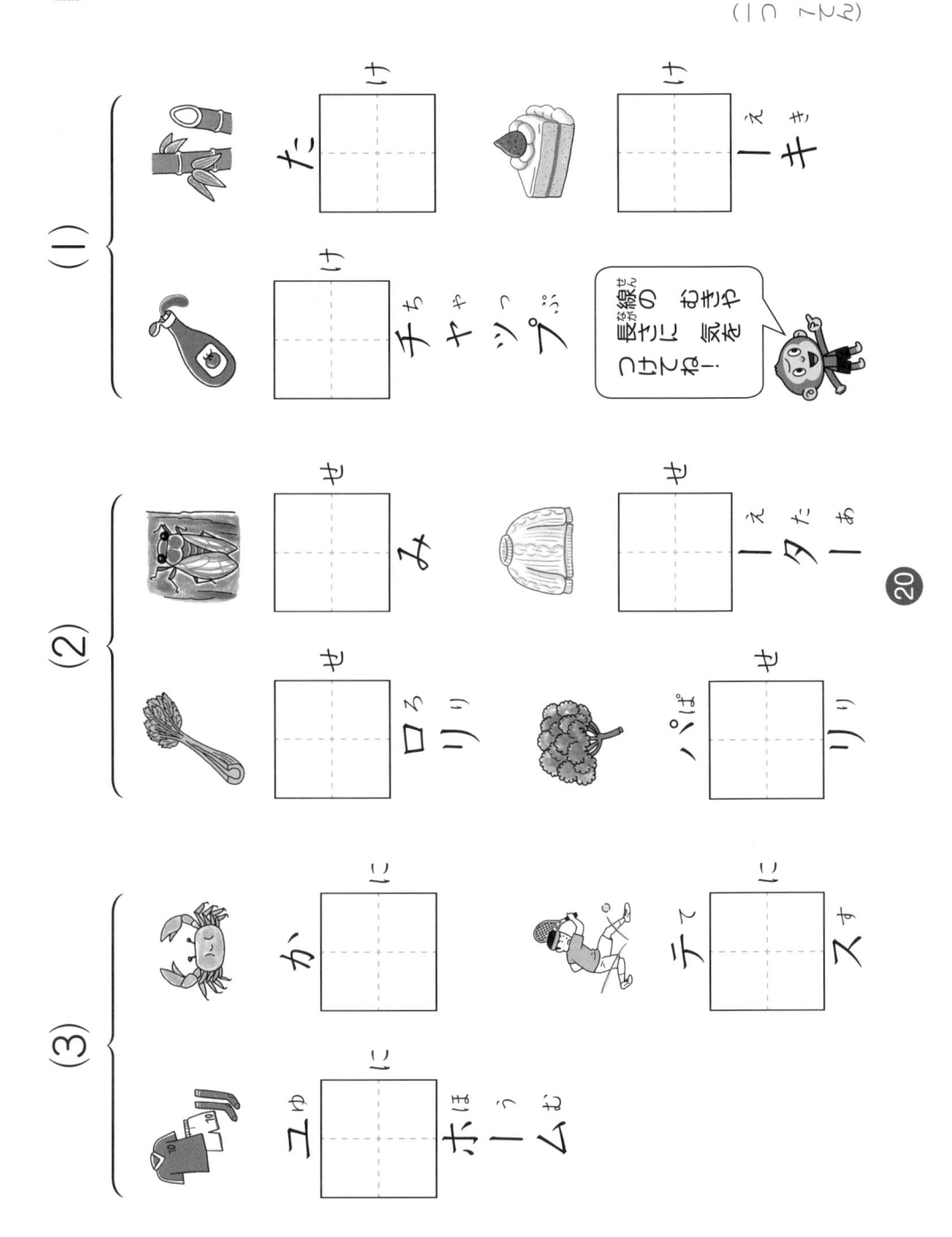

② 絵に 合う ことばを 書きましょう。
(1つ 12)

(1)

□□け
た|

□□け
|キ え

□□け
チ ャ ッ ぷ
ち ャ っ

長い線の ながさに 気を つけてね!

(2)

□□せ
み

□□せ
| タ | あ
え た

□□せ
ロ リ
ろ り

□□せ
パ | リ
ぱ り

(3)

□□に
か

□□に
テ ス
て す

□□に
ユ | ム
ゆ う む
ほ

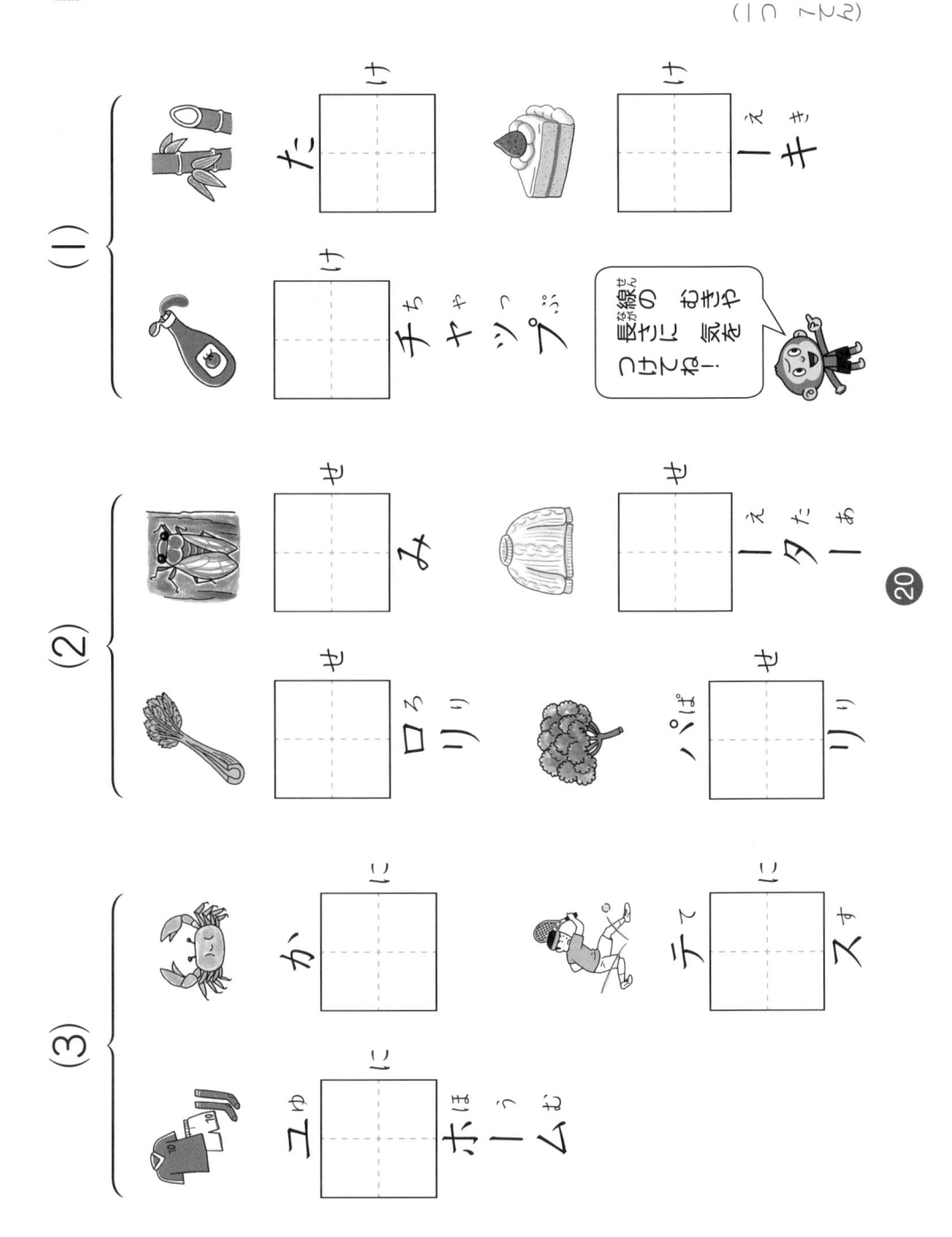

1 形や 線の むきに 気を つけて 書きましょう。

（1〜3は 1もん 10てん）

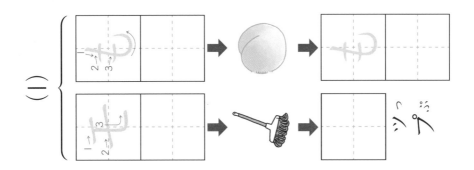

(1)

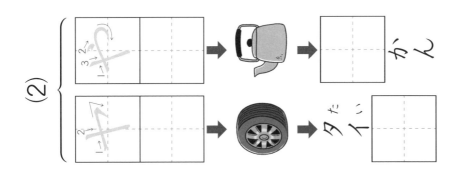

(2)

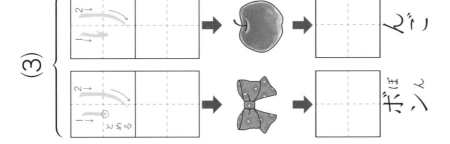

(3)

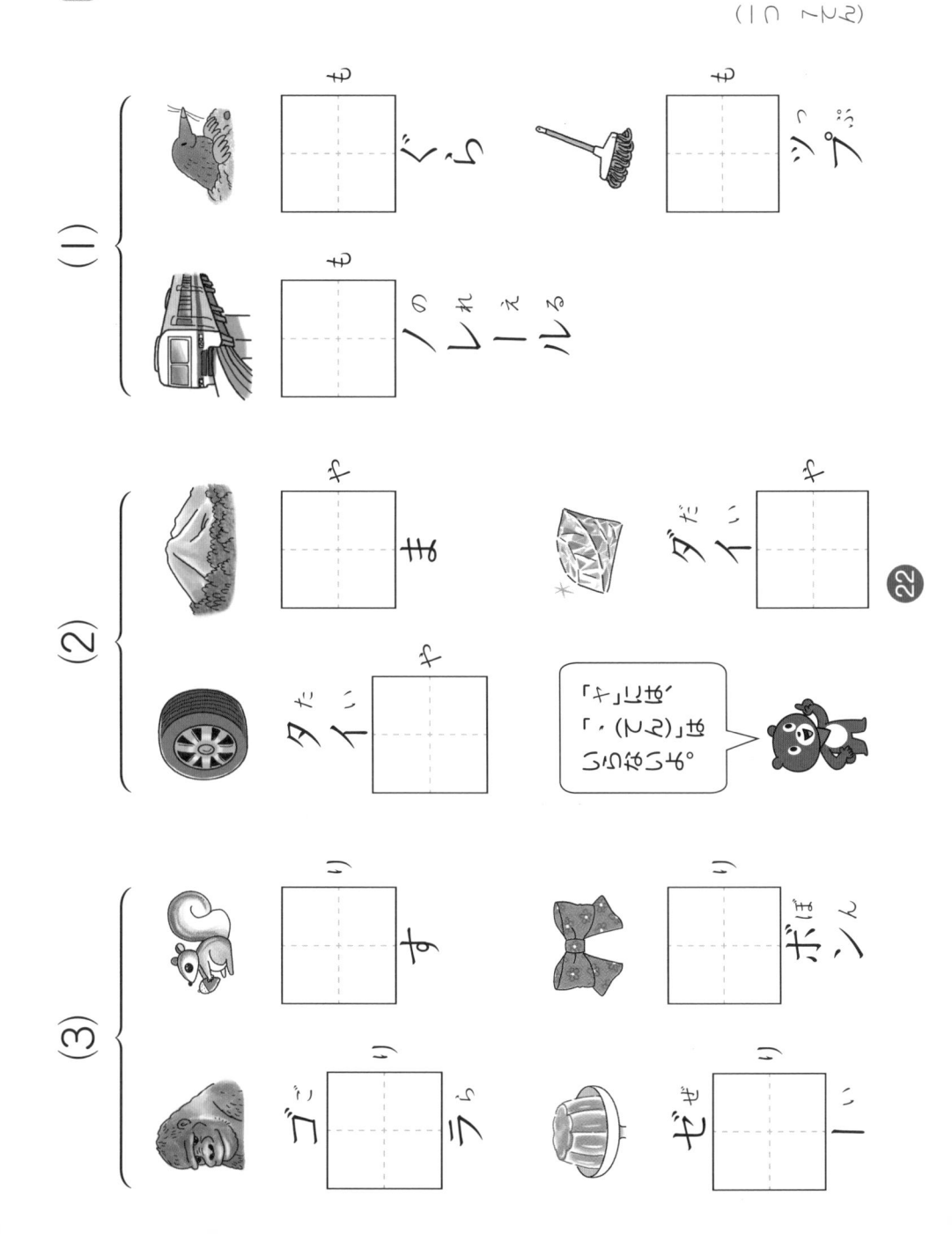

２ 絵に 合う ことばを 書きましょう。（1つ 7てん）

12 カタカナめいろ

1 カタカナの 文字を たどって、ゴールまで 行きましょう。

(もんだいは ぜんぶ できて 50てん)

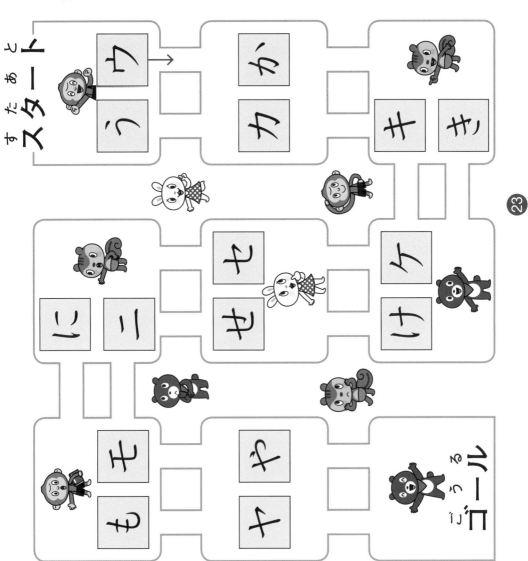

2 カタカナの ことばを つなげて ゴールまで 行きましょう。(ぜんぶ できて 50てん)

「コアラ→ラッコ……」のように、さいごの 文字が つぎの ことばの はじめに なるよ。

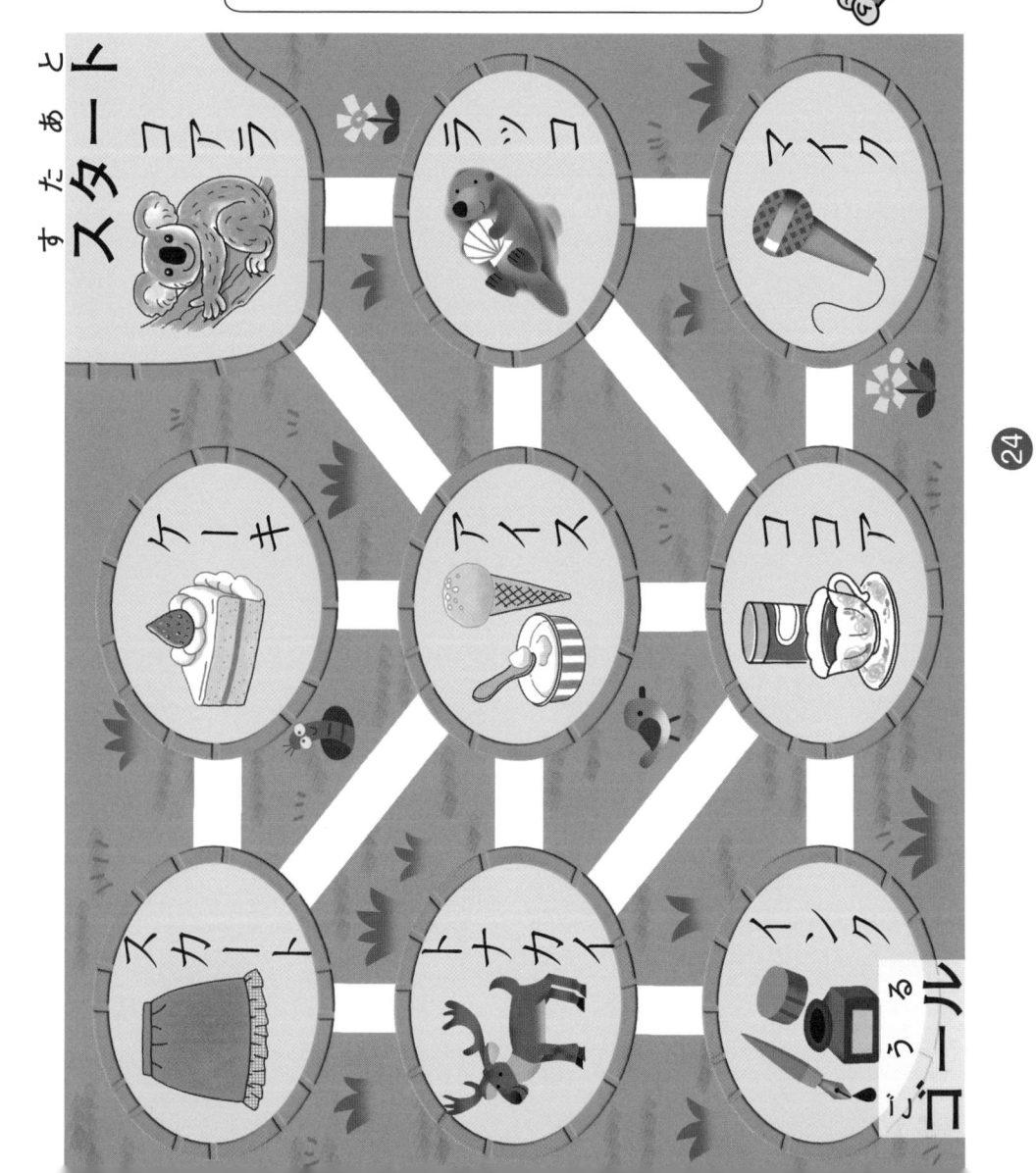

形の にた 字 ④
（カタカナ）

1 形や 線の むきに 気を つけて カタカナを 書きましょう。 （1〜3は 1もん 10てん）

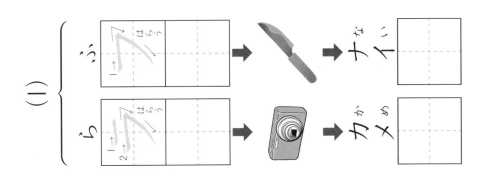

（1）
ふ ク → （ナイフ）

ら ワ → （カメラ）

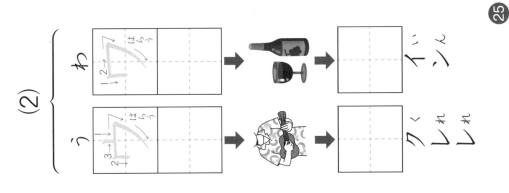

（2）
わ ワ → （ワイン）

う ラ → （クレレ）

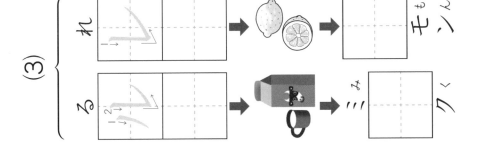

（3）
れ レ → （レモン）

る ル → （ミルク）

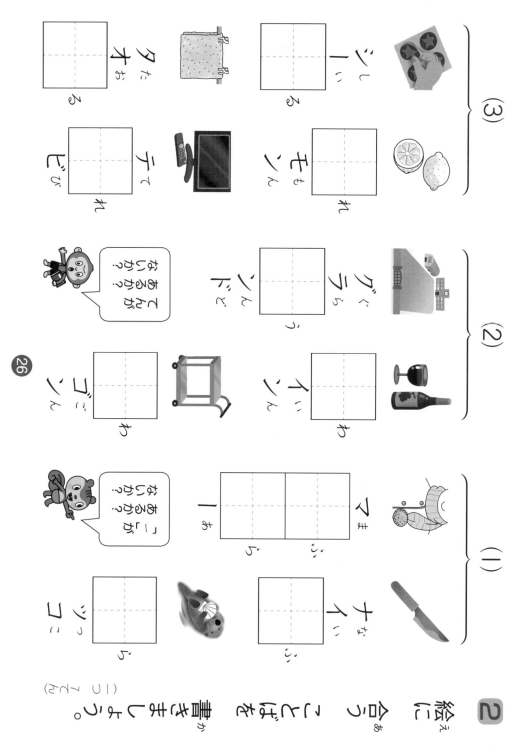

2 絵に 合う ことばを 書きましょう。
（一もん 二てん）

1 形や 線の むきに 気を つけて
カタカナを 書きましょう。

（(1)(2)は 1もん 15てん）

(1)

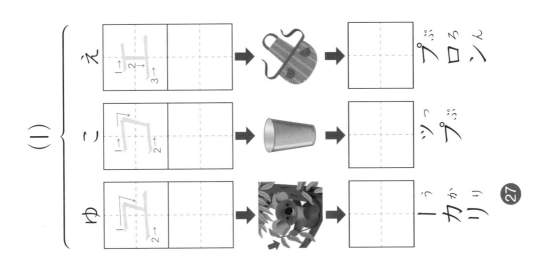

エ → [ ] プロン

コ → [ ] シプ

ユ → [ ] コーリカ

(2)

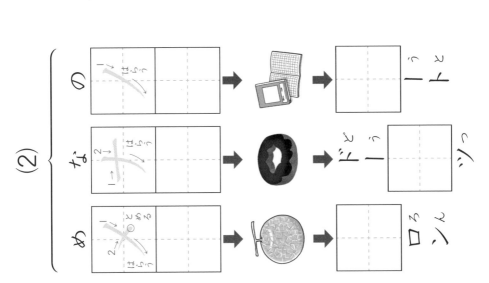

ノ → [ ] ート

ナ → [ ] ドーナッ

メ → [ ] ロン

2

絵に 合う ことばを 書きましょう。(1こ 1てん)

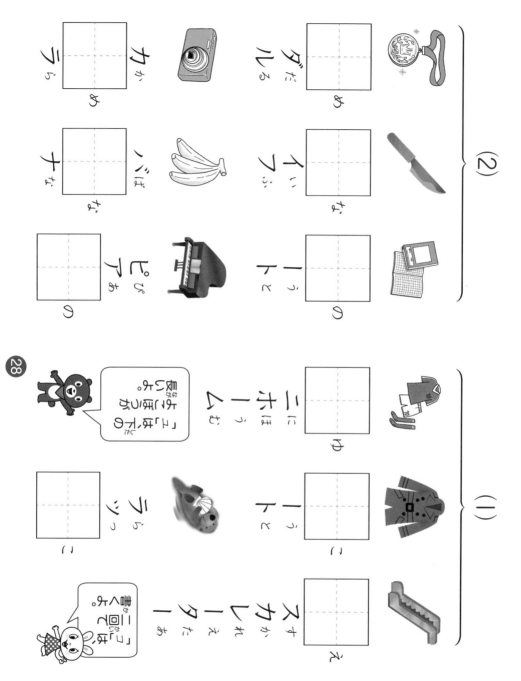

(2)

- カ（か）メ（め）ラ（ら）
- ダ（だ）ル（る）
- ナ（な）バ（ば）
- イ（い）フ（ふ）
- ピ（ぴ）ア（あ）ノ（の）
- ー（う）ト（と）

(1)

- エ（え）ス（す）カ（か）レ（れ）ー（た）タ（た）ー（あ）
- ー（う）ト（と）
- ー（う）ト（と）
- ミ（に）ホ（ほ）ー（う）ム（む）
- ラ（ら）ン（ん）

「ン」の ばは、
ながく のばして
いって あげましょう。

「ー」は なんかい
書いて くみ。

28

1 形や 線の むきに 気を つけて
カタカナを 書きましょう。　（(1)〜(3)は 1もん 10てん）

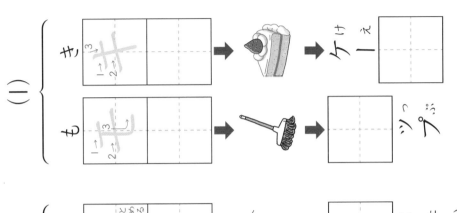

(1)
き
も
ケーえ
ツープぶ

(2)
ね
ほ
ブくタたイい
ースすー

(3)
て
ち
レれビび
ースずー

㉙

2 絵に 合う ことばを 書きましょう。

(一つ 5てん)

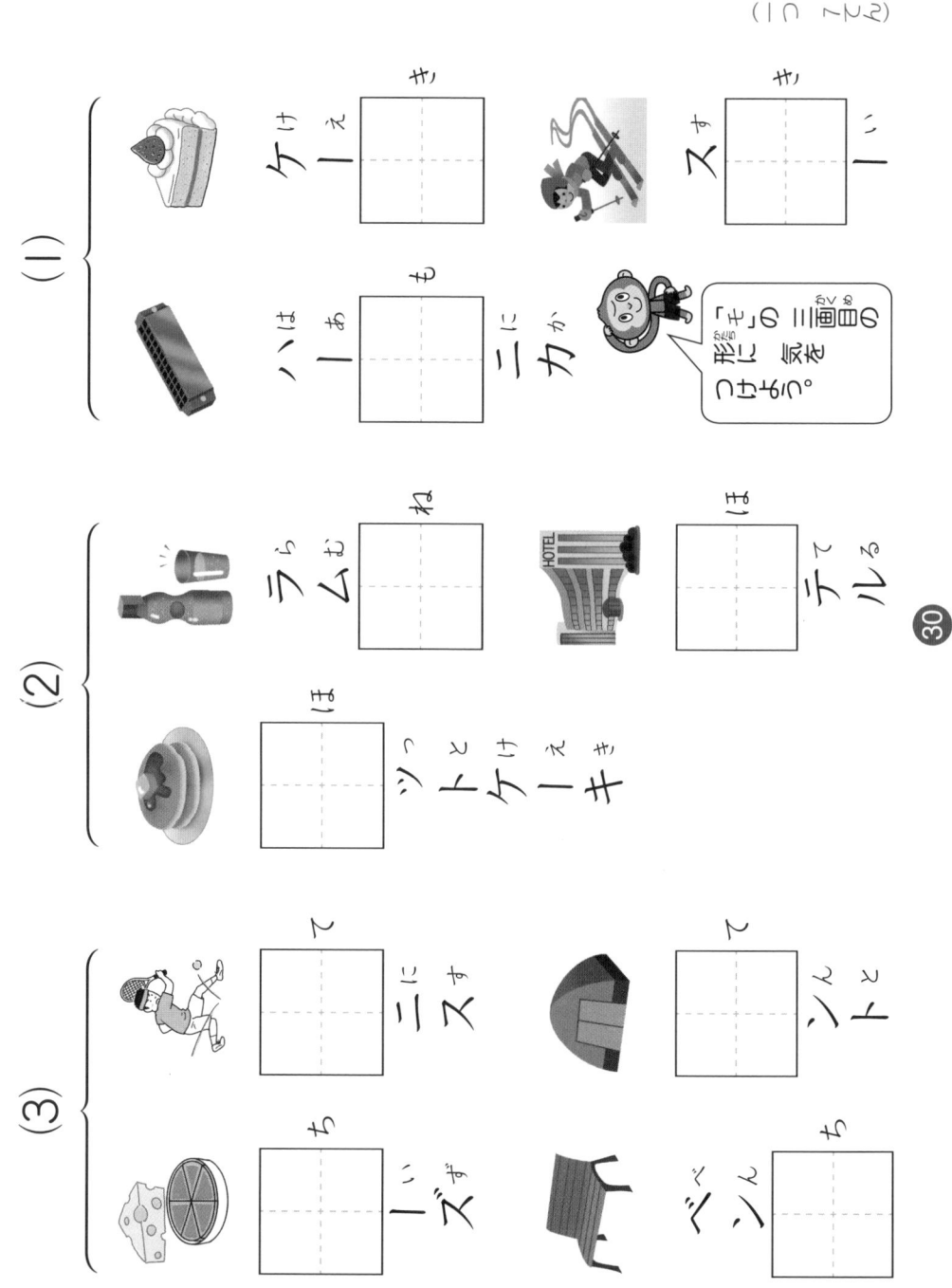

1 形や 線の むきに 気を つけて カタカナを 書きましょう。（(1)～(3)は 1もん 10てん）

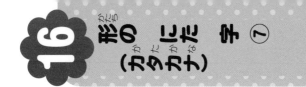

(1)

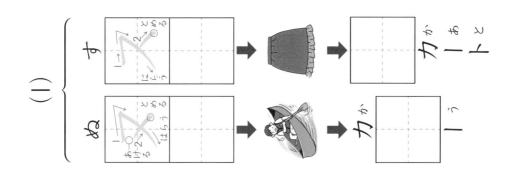

(2)

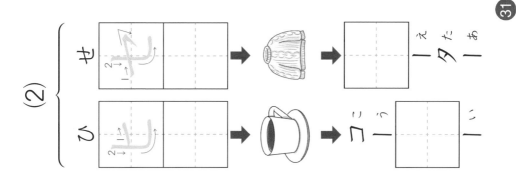

(3)

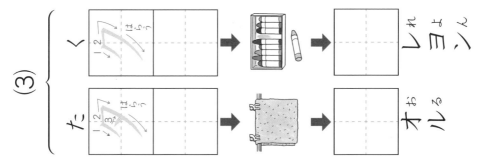

31

２ 絵に 合う ことばを 書きましょう。（１つ ７てん）

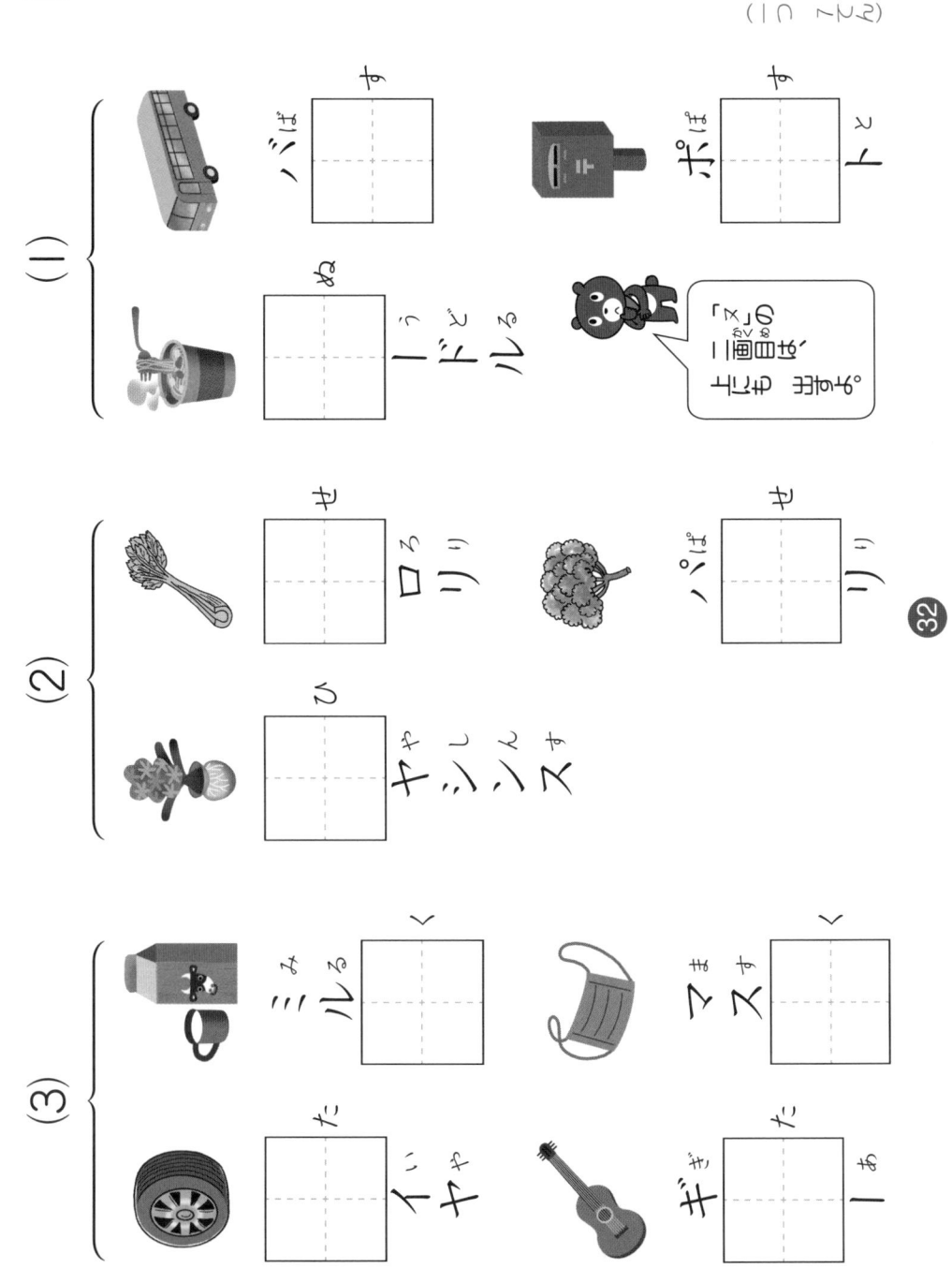

17 形の にた 字 ⑧（カタカナ）

1 形や 線の むきに 気を つけて カタカナを 書きましょう。（1〜3は 1もん 10てん）

（1）
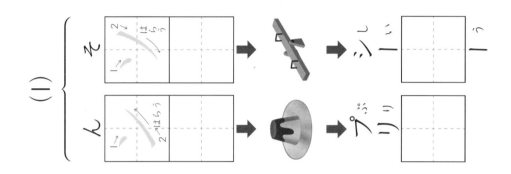

（2）
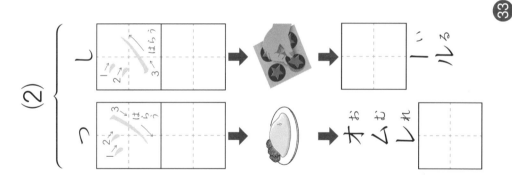

（3）
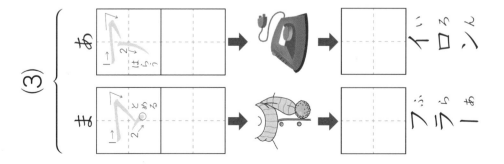

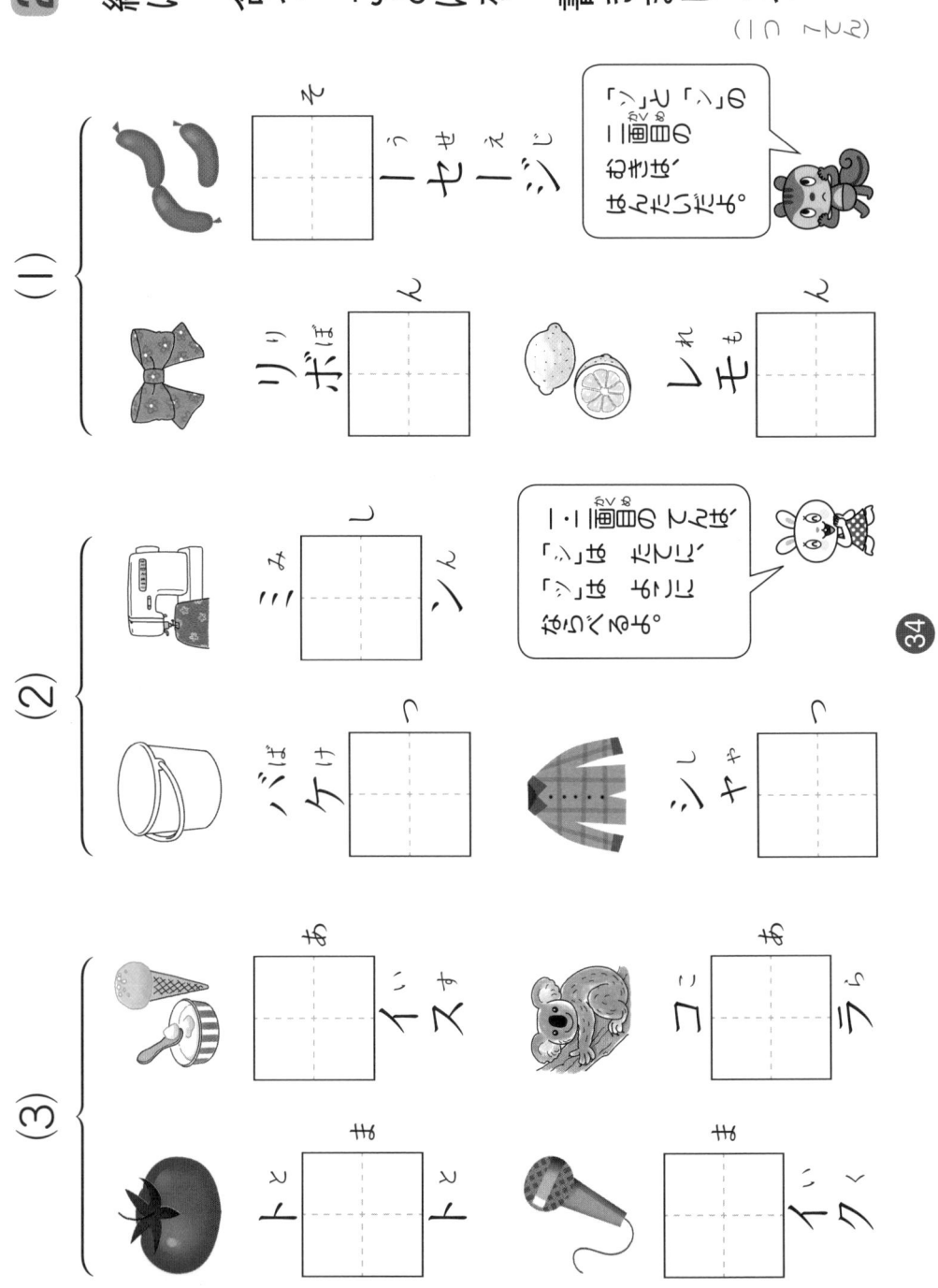

2 絵に 合う ことばを 書きましょう。

（1つ 5てん）

（1）

とうせいじ

リボン

レモン

「ン」と 「ソ」の 一画目の むきが はんたいだよ。

（2）

ミシン

バケツ

シャツ

一・二画目の むきが、「ン」は たてに 「ソ」は よこに ならぶよ。

（3）

アイス

コアラ

トマト

マイク

34

1 ──の ひらがなを カタカナに 書き直しましょう。

(1つ 5てん)

モ

(1) もノレールに のる。

(2) うクレレを ひく。

(3) けーキで おいわいする。

(4) ユにホームに リボンを つける。

(5) スかートと せーターを かう。

2

正しい字は、カタカナをまちがって書いています。右がわに（１つ５てん）

(1) タオルで あせを ふく。

(2) グラウンドを 走る。

(3) ベンヂで ラムネを のむ。

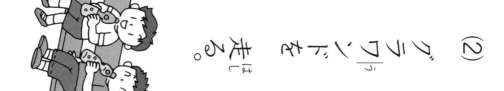

36

(4) ナの トに ソルを はる。

(5) ごスヲの クタナイは 大きに。

(6) ソセンニ ヂフアキヤを 食べる。

□に、「゛」か「゜」の どちらかを つけて、「ば」か「ぱ」の つく字を 書きましょう。

(1つ 6てん)

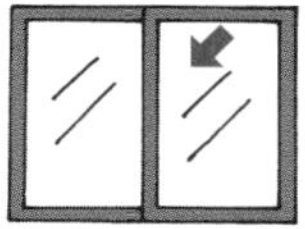

(1)

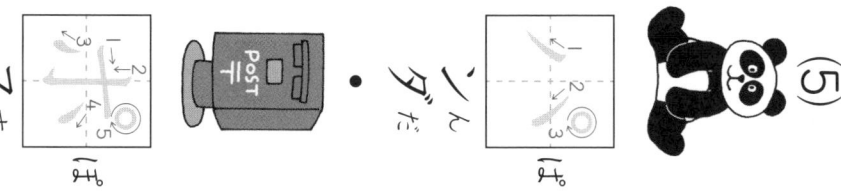

ガ
ス

(2)

ヤ
ム

チ
ー
ズ

リ
リ
ー

(3)

サ
ラ
ダ

ベ
ッ
と゛

(4)

バ
ナ
ナ

テ
レ
ビ

(5)

パ
ン
ダ

ポ
ス
ト

37

２ 絵に 合う ことばの ほうに、○を つけましょう。 (1つ 8てん)

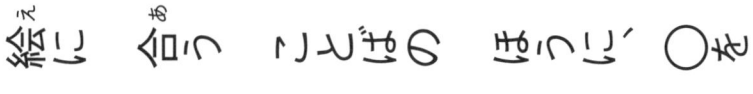

一の字に 気を つけて、声に 出して 読んで みよう。

(1)

( ) オルガン

( ) オルガン

(2)

( ) マヨネーズ

( ) マヨネーズ

(3)

( ) ランドセル

( ) ランドセル

(4)

( ) ハンバーグ

( ) ハンバーグ

(5)

( ) トランプ

( ) トランプ

38

月　日　てん

1 絵に 合う カタカナの ことばに 「゛」「゜」を つけて、かきましょう。

(1つ 5てん)

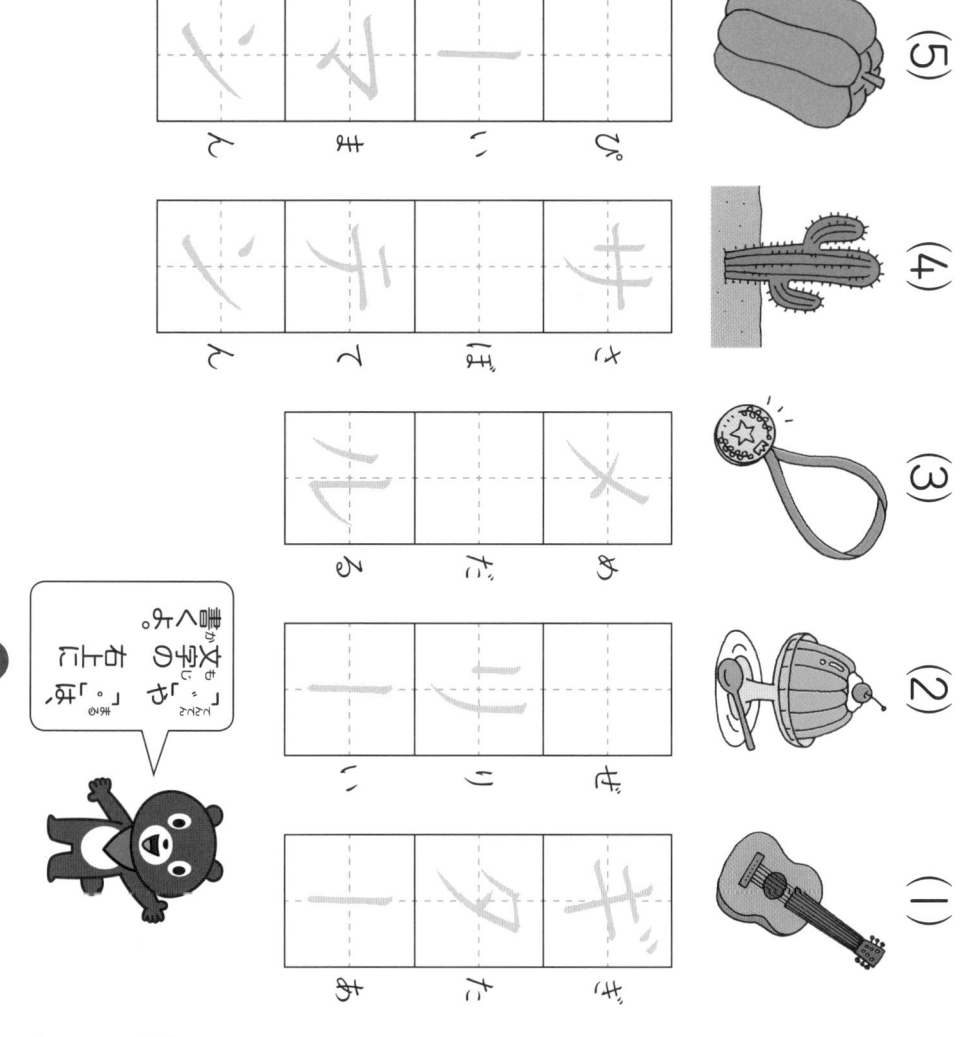

文字の うえに 「゛」や 「゜」を 書いてね。

39

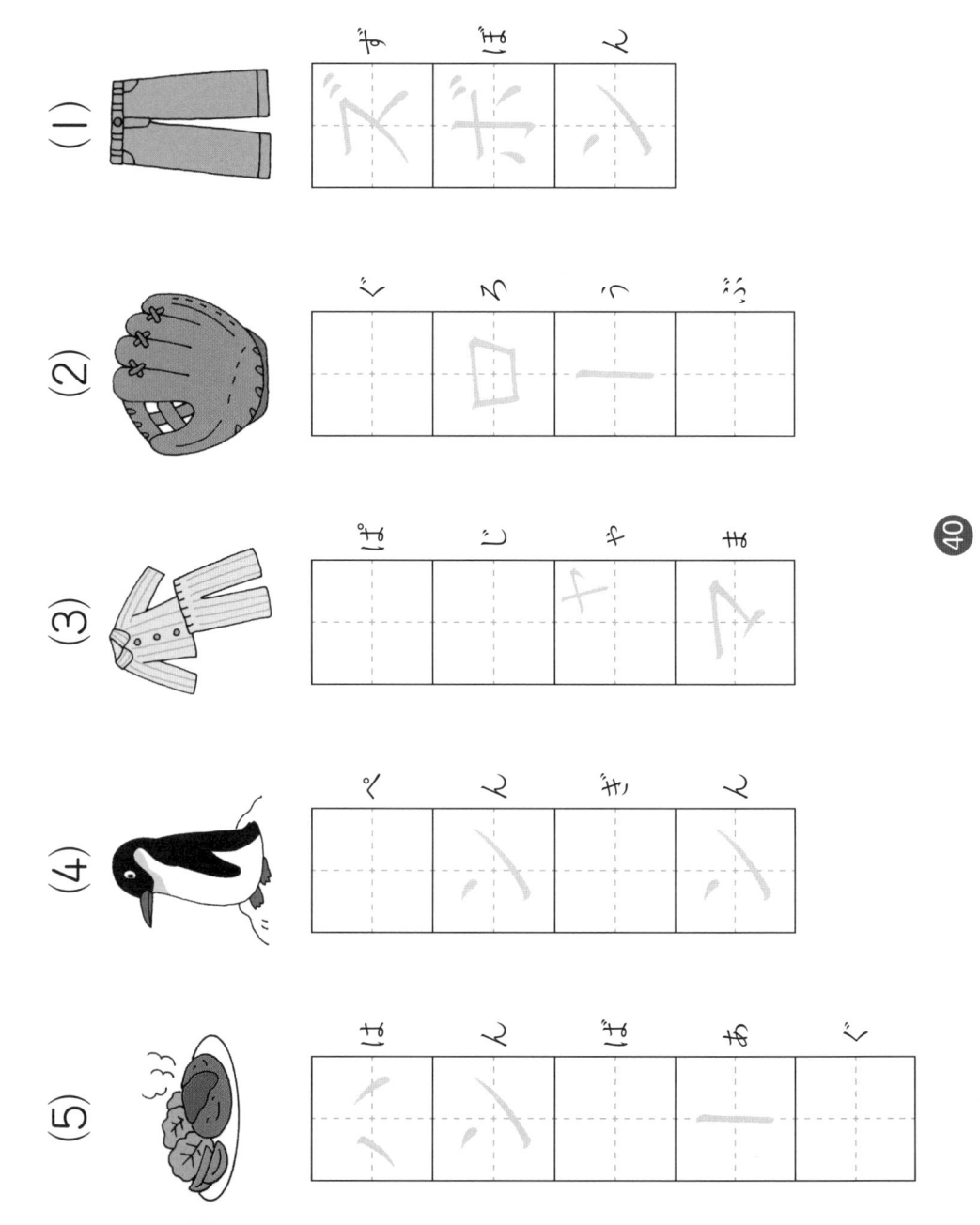

② 絵に 合う カタカナの ことばを
書きましょう。 （1つ 10てん）

(1)
ず
ぼ
ん

(2)
く
ろ
ー
ぶ

(3)
ぱ
じ
ゃ
ま

(4)
ぺ
ん
ぎ
ん

(5)
は
ん
ば
あ
ぐ

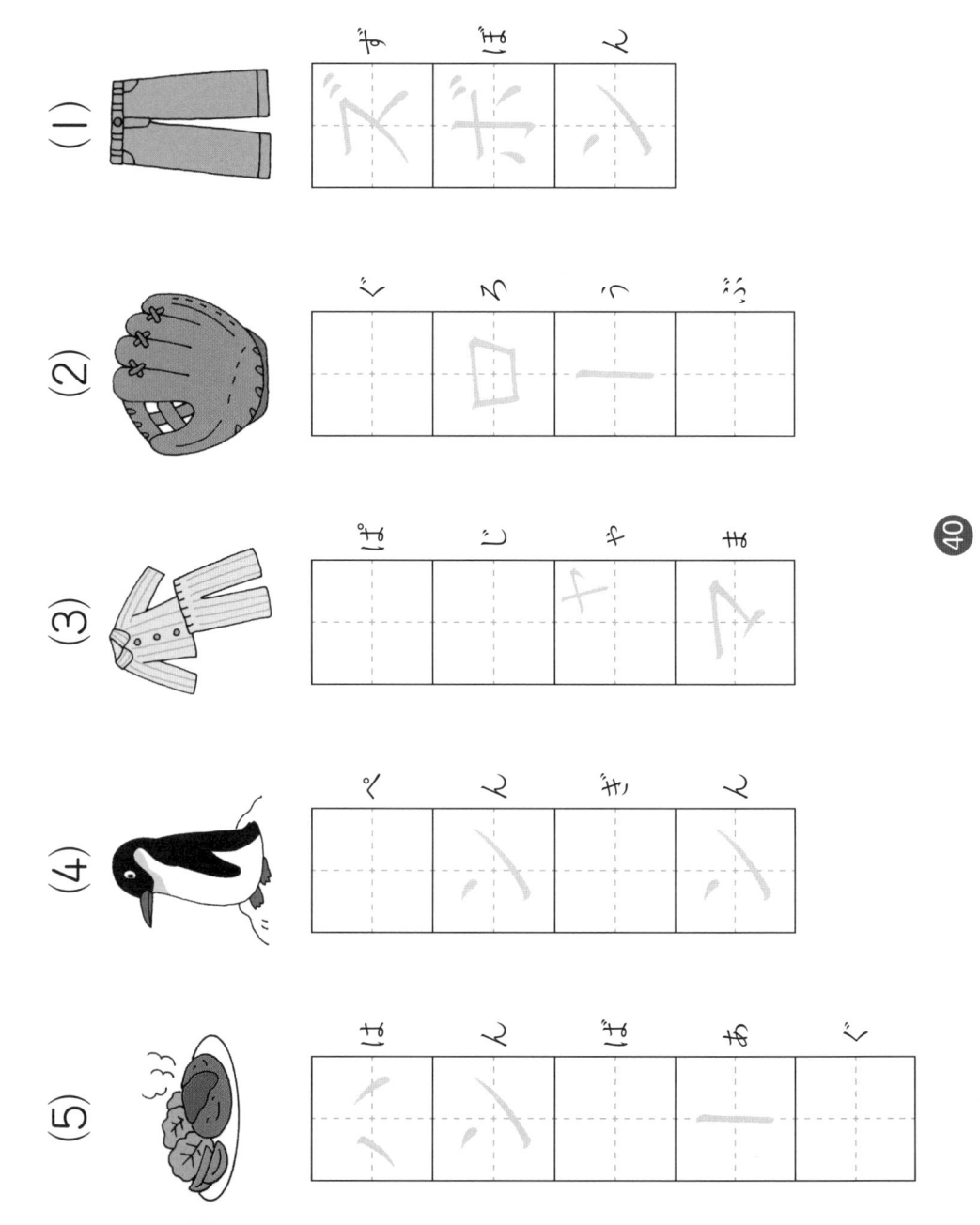

1 カ声（こえ）に 出（だ）して 読（よ）みながら、絵（え）に 合（あ）う カタカナの ことばを 書（か）きましょう。（1つ 10てん）

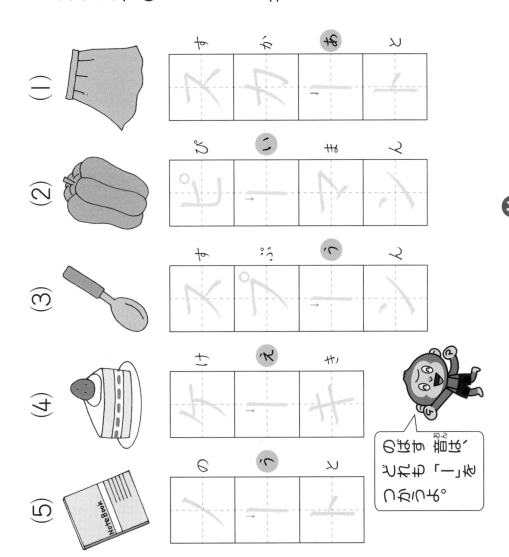

（1） ス タ あ　ー
（→ー）

（2） ピ ー ま　ん
（→ー）

（3） ス プ ー　ん
（→ー）

（4） ケ ー キ
（→ー）

（5） ノ ー ト
（→ー）

の ばす 音（おん）は、
どれも「ー」を
つかうよ。

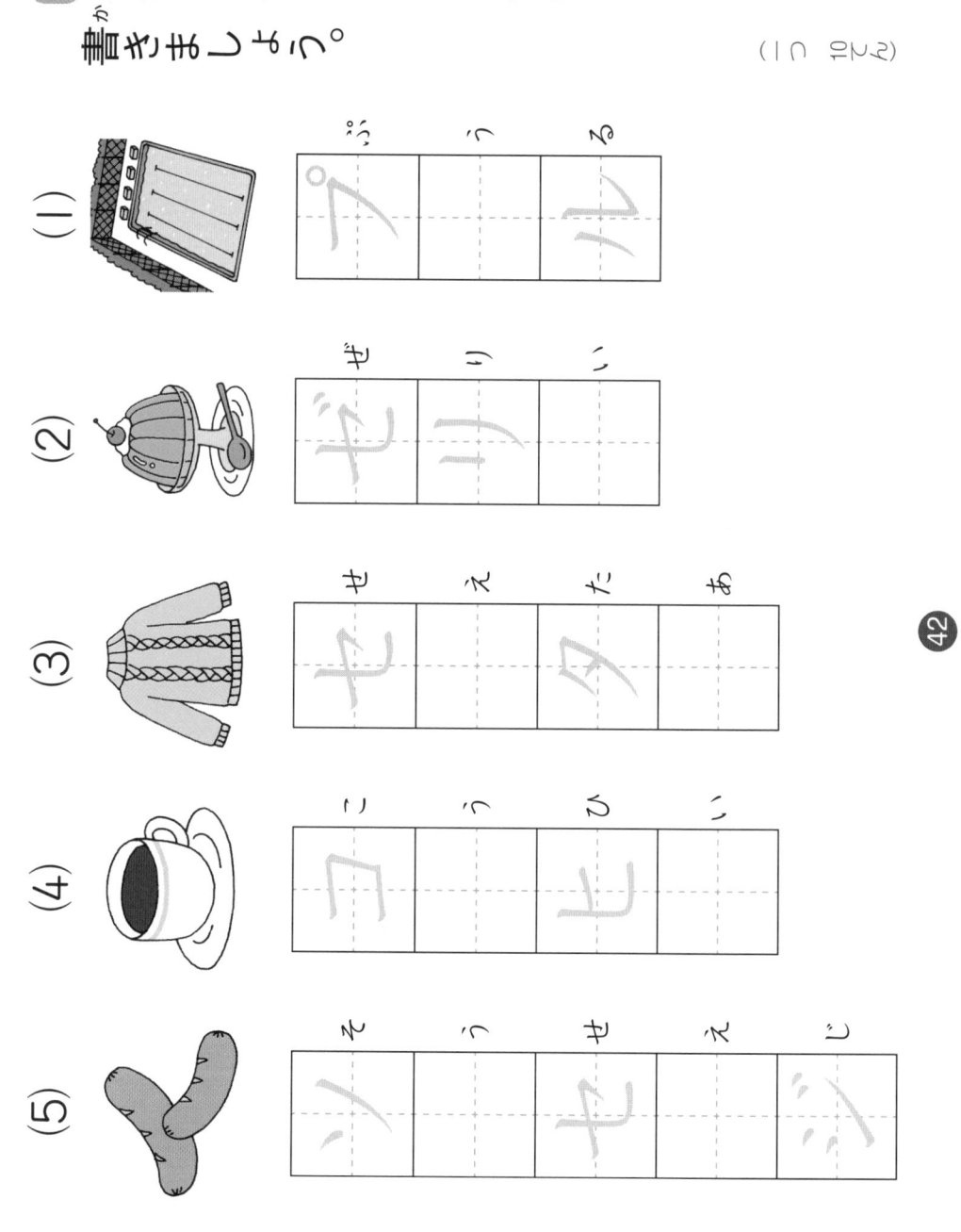

2 絵に 合う カタカナの ことばを 書きましょう。

(一つ 10てん)

(1)

(2)

(3)

(4)

(5)

22 小さく 書く 字 ①

月　日　　てん

1 小さく 書く 「ヤ」「ユ」「ヨ」「ツ」を 書きましょう。

（ぜんぶ 書いて 40てん）

ヤ　ユ　ヨ　ツ

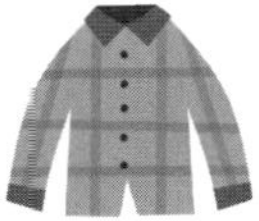

シャツ（し ゃ つ）

□の 右上に 書くよ。

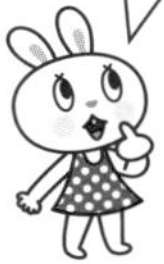

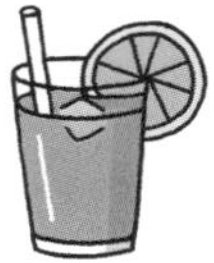

ジュース（じ ゅ う す）

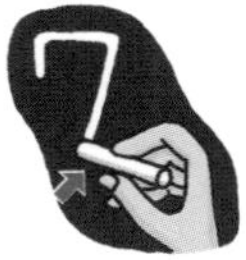

チョーク（ち ょ う く）

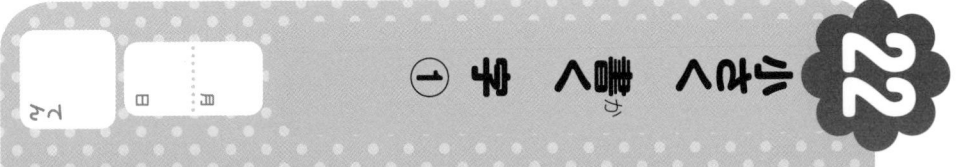

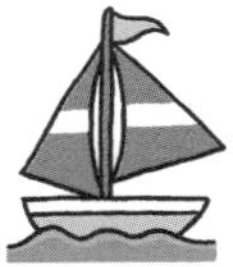

ヨット（よ っ と）

２ 絵に あう ことばに、○を つけましょう。 （1つ 12てん）

一の 字の 大きさに 気を つけて 読みましょう。

(1)
( ) ヨ<u>ッ</u>ト
( ) ヨ<u>ツ</u>ト

(2)
( ) ジ<u>ャ</u>ム
( ) ジ<u>ヤ</u>ム

(3)
( ) パイナ<u>ッ</u>プル
( ) パイナ<u>ツ</u>プル

(4)
( ) チ<u>ョ</u>コレート
( ) チ<u>ヨ</u>コレート

(5)
( ) ク<u>ッ</u>キー
( ) ク<u>ツ</u>キー

23 小さく 書く 字 ②

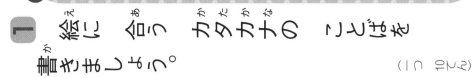

1 絵に 合う カタカナの ことばを
書きましょう。

(1つ 10てん)

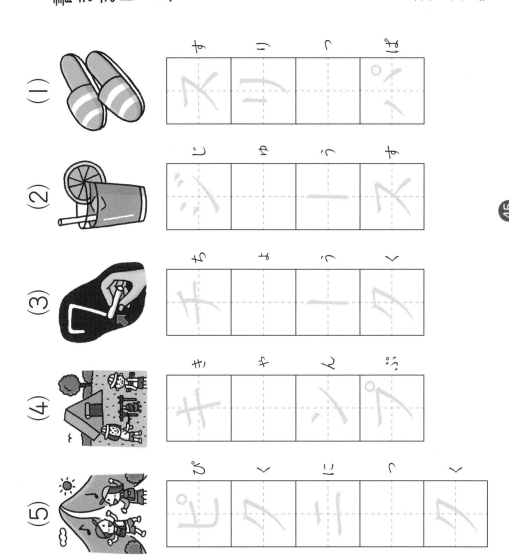

(1) ス リ ッ パ

(2) ジ ュ ー ス

(3) チ ョ ー ク

(4) キ ャ ン プ

(5) ピ ク ニ ッ ク

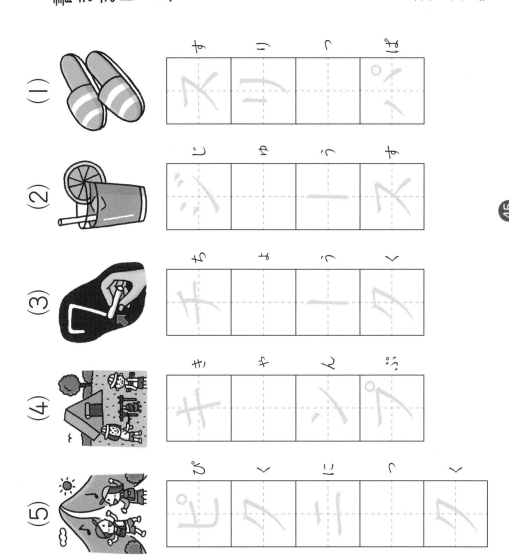

45

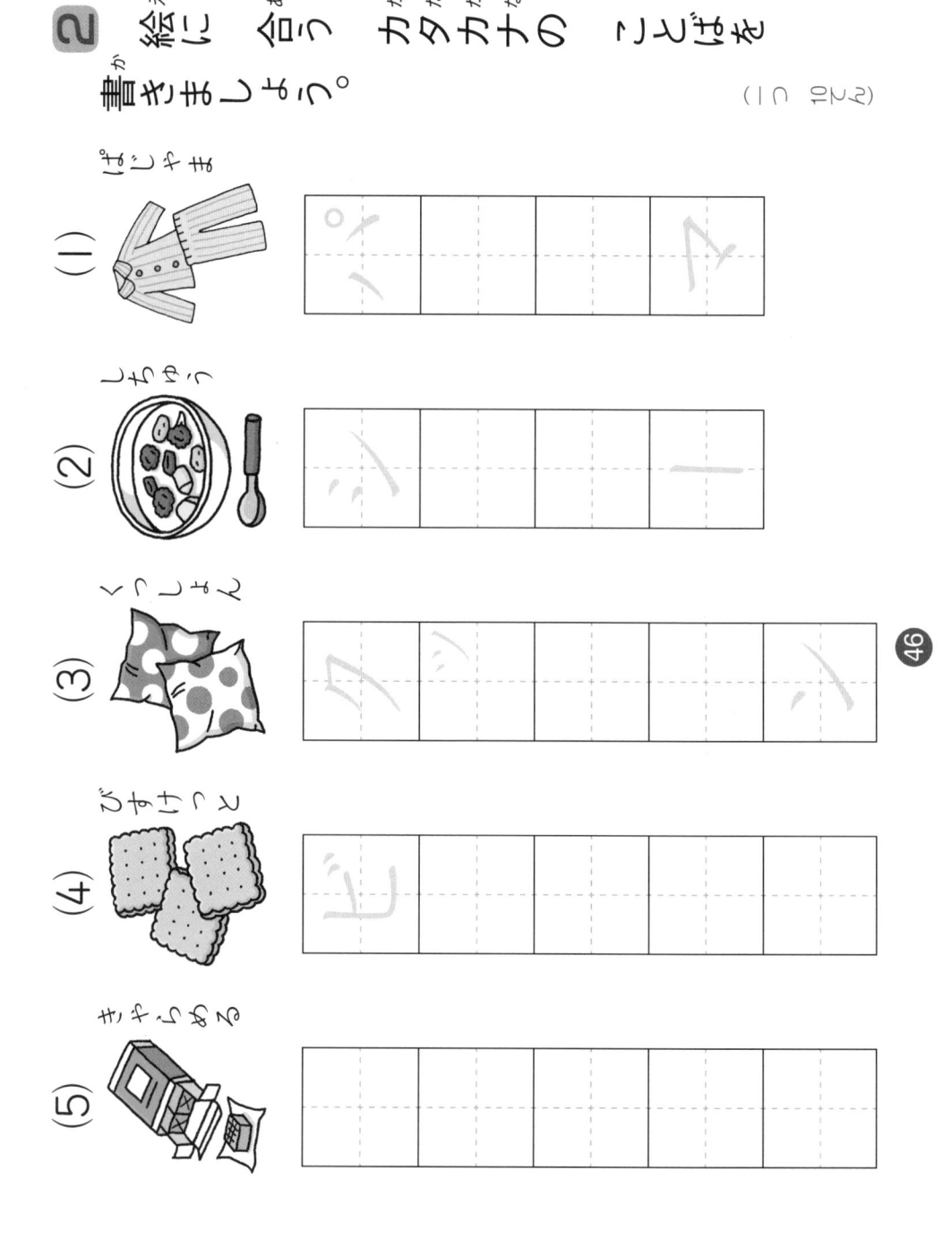

② 絵に 合う カタカナの ことばを
書きましょう。

(1) ぱじゃま

(2) しちゅう

(3) くっしょん

(4) びすけっと

(5) きゃらめる

1 カタカナで 書きましょう。 (1つ 10てん)

(1) こ あ ら

(2) ぱ ん だ

のばす 音は、「ー」を つかいます。

(3) ら い お ん

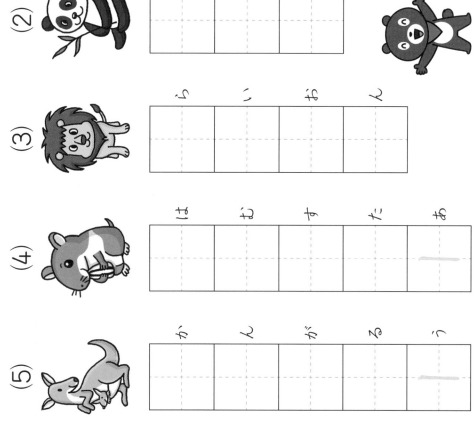

(4) は む す た あ

(5) か ん が る う

47

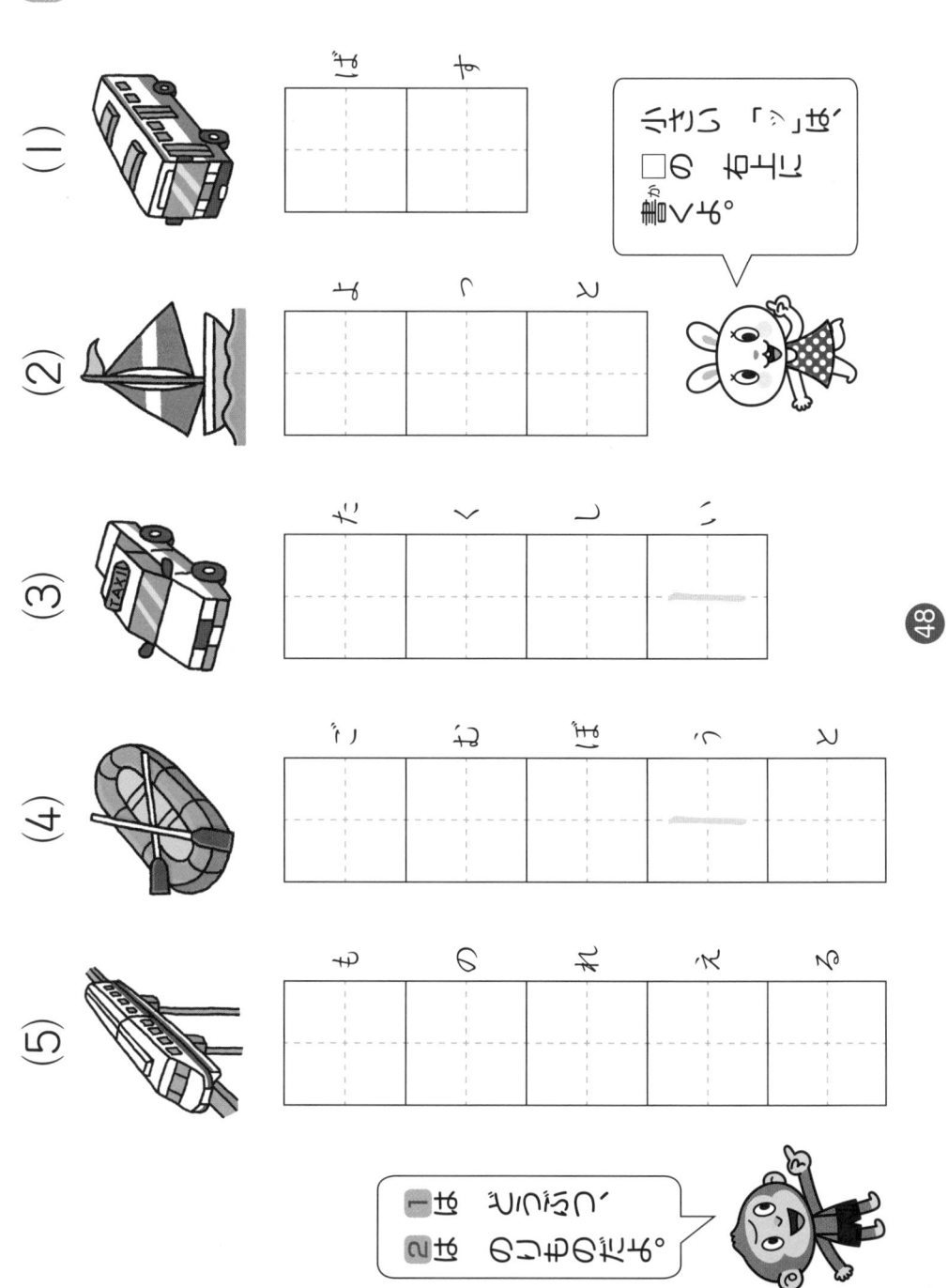

② カタカナで 書きましょう。（1つ 5てん）

(1) ば す

(2) よ っ と

(3) た く し ー

(4) こ ぷ ぼ ー へ

(5) も の れ え る

のばす 「ー」は、□の なかに 書くよ。

48

1 カタカナで 書きましょう。　（1つ 10てん）

49

「゛」は、もじの後に 書くよ。

（1）

め	ろ	ん

（2）

ば	な	な

（3）

こ	ち	ご	け

（4）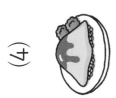

お	む	ら	い	す

（5）

は	ん	ば	あ	ぐ
			ー	

② カタカナで 書きましょう。

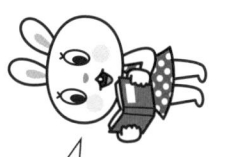

「、」や 「。」は、文字の右上に 書くよ。

(1)
ぷ　り　ん

(2)
け　え　き

(3)
ど　う　な　つ

(4)
く　っ　き　い

(5)
き　ゃ　ん　で　え

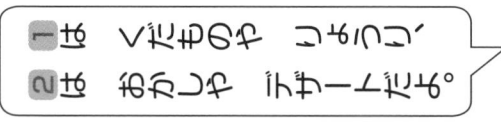

１は くだものや しょくひん、
２は おかしや デザートだよ。

1 カタカナで 書く ことばを おぼえましょう。

（1つ 10てん）

アメリカ →国の名前　　ロンドン →都市の名前　　シンデレラ →人の名前

外国の、国や 土地や 人の 名前は、カタカナで 書きます。

(1) つぎの 外国の 国の 名前を、カタカナで 書きましょう。

① ふらんす　（　　　　　　　　）

② いたりあ　（　　　　　　　　）

2 外国の 国や 土地や 人の 名前を
□から えらんで （ ）に カタカナで
書きましょう。

（1つ 20てん）

(1) ほっかいどう あめりか → （ 　　　　　 ）

(2) ぱり ないや → （ 　　　　　 ）

(3) おおさか あふりか → （ 　　　　　 ）

(4) ももたろう しんでれら → （ 　　　　　 ）

(2) は フランスの 都市の 名前、
(3) は 地いきの よび方だよ。

カタカナで 書く ことば ②

1 カタカナで 書く ことばを おぼえましょう。

（1つ 10てん）

オムレツ　スプーン　ジャンプ　クリスマス

カタカナで 外国から 来た ことばは 書きます。

（1） 外国から 来た ことばを、カタカナで 書きましょう。

① てれび　（　　　　　　　　　　）

② とらんぷ　（　　　　　　　　　　）

② 外国（がいこく）から 来（き）た ことばを □から えらんで（ ）に カタカナで 書（か）きましょう。

(1つ 20てん)

(1) りんご めろん ➡ （ ）

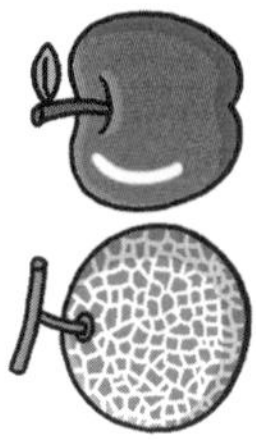

(2) きゅうり きゃべつ ➡ （ ）

(3) くれよん えんぴつ ➡ （ ）

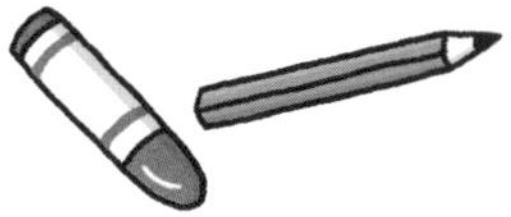

(4) てぶくろ ぐろーぶ ➡ （ ）

54

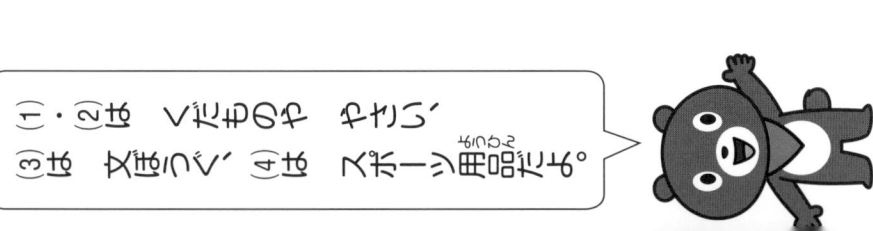
(1)・(2)は くだものや やさい、(3)は 文ぼうぐ、(4)は スポーツ用品（ようひん）だよ。

1 カタカナで 書く ことばを
おぼえましょう。

(ぜんぶ できて 20てん)

トントン

ガチャン

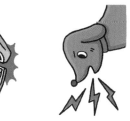
パオパオ

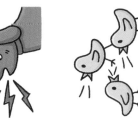
ピヨピヨ

鳴き声は、ものの

音や ものを カタカナで

どうしなどの 書きます。

(1) つぎの どうぶつの 鳴き声を 下から
えらんで ――で むすびましょう。

① ねこ　　　・　　　・ケロケロ

② にわとり　・　　　・ニャーニャー

③ かえる　・　　　・コケコッコー

2 もの の 音や どうぶつの 鳴き声を、□から えらんで 書きなさい。(一つ 10てん)

(1) ものの 音。

(　　　　) (　　　　)

(　　　　) (　　　　)

(2) どうぶつの 鳴き声。

(　　　　) (　　　　)

(　　　　) (　　　　)

ワンワン ・ ドンドン

ケロケロ ・ ガチャン

ピンポン ・ ガオー

ヒヒーン ・ パチパチ

1 **1** の ことばを、□① の なかまに 分けて 書きましょう。（1つ 5てん）

ジャンプ ・ ピンポン ・ ドンドン

カーテン ・ ジャングル ・ フライパン

(1) 外国の、国・土地・人の 名前。

（　　　　　）（　　　　　）

(2) 外国から 来た ことば。

（　　　　　）（　　　　　）

(3) ものの 音や 鳴き声。

（　　　　　）（　　　　　）

② カタカナで 書いた ほうが よい ことばを 一つずつ 見つけて、カタカナで 書きましょう。

（1つ 8てん）

（1） ばけつに はんかちを いれる。

（　　　　　）（　　　　　）

（2） れすとらんで はんばあぐを たべる。

（　　　　　）（　　　　　）

（3） どうぶつえんで ぞうと らいおんを みた。

（　　　　　）（　　　　　）

（4） ぴあのに あわせて はあもにかを ふく。

（　　　　　）（　　　　　）

これで「カタカナ」は おわりだよ。さいごまで よく がんばったね！

こたえ

3 カタカナの れんしゅう ③ 5・6ページ

1 ボン・ナイ・タイ・ト ・ヌ・カ・ニ・ヌ・ス・ー

2 デ ・ブオ・ナ・ル ・ン ・ト・ イ ・ン ・ケ ・ス ・ー・チ・
ス・ー ・ソ ・ン ・セ・ー・カ・ト ・リ ・ロ ・
1 サ ・ガ ・ブ ・ダ ・ン ・ル・

2 カタカナの れんしゅう ② 3・4ページ

1 コ ・ラ ・プ ・レ ・ン ・ヨ ・ケ ・ー ・キ ・

2 キ ・ー ・ラ ・ス ・チ ・

1 オ ・ク ・ト ・ム ・レ ・ン ・
ラ ・イ ・ク ・ス ・イ ・
エ ・ コ ・ン ・

1 カタカナの れんしゅう ① 1・2ページ

5 カタカナの れんしゅう ⑤ 9・10ページ

(2) ワ ・ク ・エ ・ヨ ・ ・ ・
2 ワ ・ペ ・ン ・ペ ・ン ・ギ ・ン ・

1 ライ ・オ ・ン ・カ ・ル ・ボ ・
ンモ ・ン ・ボ ・ン ・

(1) ル

(2) ワ

カタカナの テスト

4 カタカナの れんしゅう ④ 7・8ページ

2 ヨ ・タ ・ナ ・イ ・ト ・
ュ ・ニ ・ホ ・ー ・ム ・

1 ロ ・ニ ・マ ・カ ・メ ・ダ ・ル ・
キ ・ン ・ミ ・ン ・ズ ・ム ・

2 カ ・ン ・チ ・ラ ・フ ・マ ・
ホ ・ー ・ス ・
コ ・ヒ ・ー ・ア ・ペ ・ン ・

ページ 60

6 五十音の ひょう ページ11・12

1 ていねいに 書きましょう。

2 (1) クレヨン
(2) ネクタイ
(3) ハンカチ
(4) マカロニ
(5) ライオン

7 ひらがな カタカナ ① ページ13・14

1 あ→か→さ
は←な←た
ま→や→(ゴール)

2

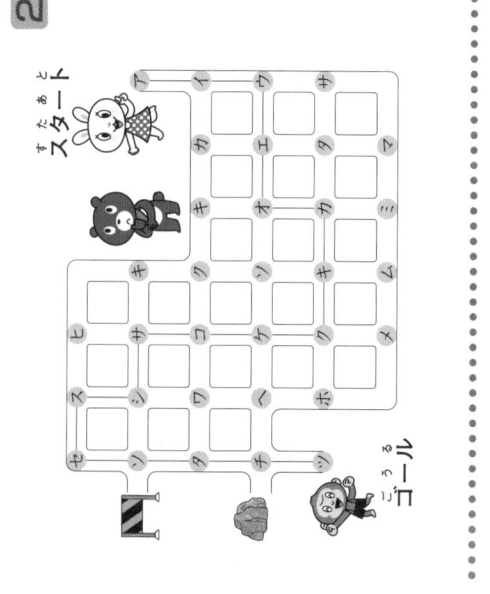

8 ひらがな カタカナ ② ページ15・16

1 (1) みかん (2) いちご
(3) ちゃわん (4) せんめんき

2 (1) バナナ (2) タオル
(3) ココア (4) ベッド
(5) ラケット

9 形の にた字 ① ページ17・18

1 (1) { う / ウ } (2) { か / カ } (3) { き / キ }

2 (1) { うう・ウ / ウう・ウ } (2) { うか・カ / カか・カ }
(3) { うき・キ / キき・キ }

10 形の にた字 ② ページ19・20

1 (1) { け / ケ } (2) { せ / セ } (3) { に / ニ }

2 (1) { けケ・ケ / ケけ・ケ } (2) { せセ・セ / セせ・セ }
(3) { にニ・ニ / ニに・ニ }

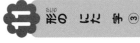

11 形の にた 字 ③ （ページ 21・22）

1 (1) { モ も も モ }　(2) { ヤ ヤ }

(3) { リ リ }

2 (1) { も・モ モ }　(2) { ヤ・ヤ ヤ }

(3) { リ・リ リ }

12 カタカナめいろ （ページ 23・24）

1 ウ → カ → キ
ニ ← セ ← ケ
モ → ヤ →（ゴール）

2 スタート
（図：すごろくめいろ）
ゴール

13 形の にた 字 ④ （ページ 25・26）

1 (1) { ラ ラ }　(2) { ワ ウ }　(3) { レ ル }

2 (1) { ラ・ラ ラ }　(2) { ワ・ワ ウ }

(3) { レ・レ ル }

14 形の にた 字 ⑤ （ページ 27・28）

1 (1) { エ コ ユ }　(2) { ノ メ }

2 (1) { エ・コ コ ユ }　(2) { ノ・ノ メ・メ }

15 形の にた 字 ⑥ （ページ 29・30）

1 (1) { キ モ }　(2) { ネ ホ }　(3) { テ チ }

2 (1) { キ・キ モ }　(2) { ネ・ホ ホ }

(3) { テ・テ チ }

16　形の にた 字 ⑦　ページ31・32

1　(1) ス ヌ　(2) セ ヒ　(3) ク ワ

2　(1) ス・ス ヌ・ヌ　(2) セ・セ ヒ・ヒ　(3) ワ・ワ ク・ク

17　形の にた 字 ⑧　ページ33・34

1　(1) ソ ン　(2) ツ シ　(3) マ ア

2　(1) ソ・ソ ン・ン　(2) シ・シ ツ・ツ　(3) ア・ア マ・マ

18　形の にた 字——まとめ　ページ35・36

1　(1) モ　(2) ウ　(3) ケ・キ　(4) ニ・リ　(5) カ・セ

2　(1) ル　(2) ウ　(3) チ・ネ　(4) ノ・シ　(5) ス・タ　(6) ツ・マ

19　「゛」や「゜」の つく 字 ①　ページ37・38

1　(1) ガ・プ　(2) ジ・ズ　(3) ダ・ド　(4) ベ・ビ　(5) パ・ボ

2　(1){ (○)／( )　(2){ ( )／(○)　(3){ ( )／(○)　(4){ (○)／( )　(5){ ( )／(○)

20　「゛」や「゜」の つく 字 ②　ページ39・40

1　(1) ギター
(2) ゼリー
(3) メダル
(4) サボテン
(5) ピーマン

2　(1) ズボン
(2) グローブ
(3) パジャマ
(4) ペンギン
(5) ハンバーグ

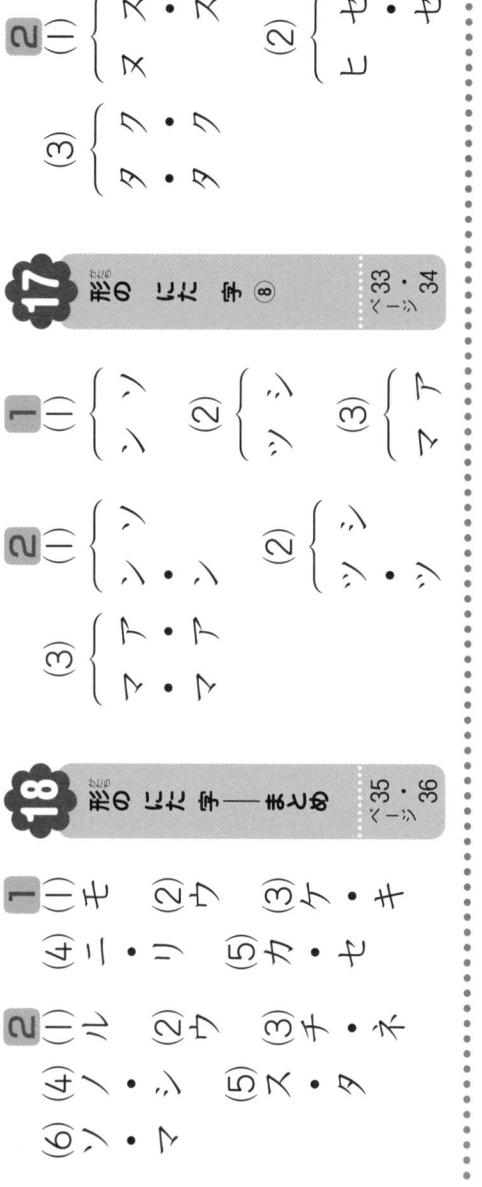

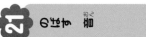

21 のばす音　41・42ページ

1　(1) スカート　(2) ピーマン
　　(3) スプーン　(4) ケーキ
　　(5) ノート

2　(1) プール　(2) ゼリー
　　(3) セーター　(4) コーヒー
　　(5) ソーセージ

22 小さく書く字①　43・44ページ

1　シャツ・ジュース・チョーク・ヨット

2　(1) {(○) / ( )}　(2) {(○) / ( )}
　　(3) {(○) / ( )}　(4) {( ) / (○)}
　　(5) {( ) / (○)}

23 小さく書く字②　45・46ページ

1　(1) スリッパ　(2) ジュース
　　(3) チョーク　(4) キャンプ
　　(5) ピクニック

2　(1) パジャマ　(2) シチュー
　　(3) クッション　(4) ビスケット
　　(5) キャラメル

24 なかまの ことば①　47・48ページ

1　(1) コアラ　(2) パンダ
　　(3) ライオン　(4) ハムスター
　　(5) カンガルー

2　(1) バス　(2) ヨット
　　(3) タクシー　(4) ゴムボート
　　(5) モノレール

25 なかまの ことば②　49・50ページ

1　(1) メロン　(2) バナナ
　　(3) コロッケ　(4) オムライス
　　(5) ハンバーグ

2　(1) プリン　(2) ケーキ
　　(3) ドーナツ　(4) クッキー
　　(5) キャンデー

1 (1)① フランス
   ② イタリア

2 (1) アメリカ
  (2) ペン
  (3) アフリカ
  (4) ハンカチ

1 (1)① テレビ
   ② トランプ

2 (1) メロン
  (2) キャベツ
  (3) クレヨン
  (4) グローブ

1 (1)① ●——● ケロケロ
  ② ●——● ニャーニャー
  ③ ●——● コッコッコー

2 (1) ドンドン・ガチャン・ピンポン・ペチャペチャ

(2) ワンワン・ケロケロ・ガオー・ヒヒーン
※じゅんじょは ちがっても よい。

1 (1) フランス・ハンカチ
  (2) カーテン・シャツ
  (3) ドンドン・ミンミン
※じゅんじょは ちがっても よい。

2 (1) ポケット・ベンチ
  (2) レストラン・ハンバーグ
  (3) ゴリラ・ライオン
  (4) ピアノ・ハーモニカ
※じゅんじょは ちがっても よい。

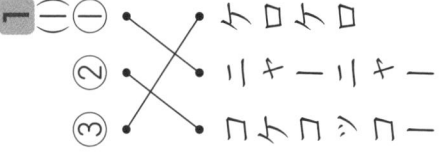